CANCANS

POLITIQUES

PAR ALIQUIS

LIEUTENANT DE *NEMO*

ALENÇON

E. RENAUT-DE BROISE, Imprimeur

—

1881

CANCANS

POLITIQUES

PAR ALIQUIS

LIEUTENANT DE *NEMO*

ALENÇON

E. RENAUT-DE BROISE, Imprimeur

1881

Alençon. — E. Renaut-De Broise, Imprimeur.

Le présent opuscule se compose de fragments ayant déjà paru soit dans le Triboulet, *soit dans le* Journal d'Alençon *ou le* Messager de l'Orne. *Nous ne ferons aujourd'hui que les réunir ensemble.*

Quelques amis nous ont reproché de ne pas prendre un ton plus grave en parlant de choses qui ne laissent pas que d'avoir leur côté fort triste. Nous avons essayé de déférer à leur avis, mais après plusieurs essais infructueux, nous dûmes reconnaître que prendre au sérieux le régime actuel et ceux qui le représentent était une tâche au dessus de nos forces. Quelque mal que se donnent nos maîtres pour se rendre odieux, ils nous semblent cinquante fois plus ridicules.

Nous ne connaissons de plus risibles qu'eux, que les électeurs qui les nomment et les législateurs qui les soutiennent.

A.

29 mars 1870.

Les explorations dont l'Afrique centrale est, en ce moment, le théâtre, ont attiré sur ces régions lointaines, l'attention du public. Nous pensons lui être agréable en disant quelques mots sur le pays des hommes à trompe, récemment visité par le fameux capitaine *Nemo*, dont M. Verne a déjà raconté le voyage au fond de la mer.

Cette contrée se trouve à plusieurs degrés à l'Ouest du pays des *Nyams-Nyams* ou hommes à queue. On donne à ses habitants le nom d'hommes à trompe, à cause de la longueur et de la forme extraordinaire de leur nez. Il diffère de celui des autres mortels et rappelle un peu l'appendice nasal de l'éléphant.

Cela n'empêche pas ces naturels d'être renommés dans tout le cœur de l'Afrique, pour leur sagesse et l'excellence de leurs institutions. Donnons-en ici une esquisse :

D'abord gouvernés par des représentants de la Nation, ils n'ont pas tardé à s'apercevoir que, en raison, d'une fatalité spéciale, à coup sûr, à leur pays, les choix semblaient se porter de préférence, non sur les plus dignes, mais sur les plus charlatans et les plus blagueurs, sur les faiseurs de toute opinion et de toute couleur ; ils ont eu beau essayer tour à tour du suffrage universel ou du suffrage restreint, rien n'y faisait. On a donc pris la résolution de s'en remettre au hasard du soin de corriger la sottise des électeurs, se disant, qu'après tout, il lui serait impossible de choisir plus mal que ne faisaient ces derniers. Les députés sont tirés au sort, et l'on obtient ainsi des Chambres généralement assez honnêtes et représentant avec exactitude, la moyenne de l'opinion publique.

Ces députés n'ont pas de traitement fixe. Sitôt la session close, le Conseil d'Etat fixe ce qui revient à chacun, en raison du travail fait et de l'importance des lois votées. Le temps passé à la tribune ne compte pas pour les émoluments, et d'ailleurs, afin d'éviter les longs discours, il est défendu de s'y exprimer autrement que par signes. Aussi « peu de paroles, mais force besogne, et bien faite ; » est-il devenu la devise de leurs législateurs.

La crainte de voir certains citoyens abuser de leur crédit, de leur fortune ou de leur influence au détriment des libertés publiques a fait instituer un Sénat. Les membres qui le composent, sont obligés de tenir table ouverte au profit de leurs commettants, de les défrayer de tout, de faire leurs petites commissions. Aussi, ne tardent-ils pas à être ruinés ou à mourrir de fatigue. Défense absolue est imposée d'ailleurs aux sénateurs, de s'occuper d'affaires publiques, à moins qu'il ne s'agisse de taquiner les députés ou de les mettre en accusation.

La haine féroce qui anime, les uns contre les autres, les membres de ces deux corps est regardée comme la plus sûre garantie de l'harmonie des pouvoirs et de la stabilité des institutions.

Dès qu'un infortuné se sait désigné pour le Sénat, il s'empresse d'exposer dans une circulaire tous les motifs qui doivent empêcher ses concitoyens de voter pour lui et tâche de se faire passer pour un malhonnête homme et pour un crétin. Il explique que telle ou telle de ses connaissances à la quelle il souhaite tout le mal possible, ferait bien mieux l'affaire. D'autre part, les ennemis du candidat, désireux de lui jouer un tour, se mettent en quatre pour le faire passer. Ils expliquent aux populations que celui-ci n'est pas du tout un coquin, comme il le prétend, et qu'en s'efforçant de paraître idiot, il fait preuve, au contraire, d'infiniment d'esprit, qu'il est, par conséquent, on ne peut plus digne de les représenter. Bref, la période électorale est un temps pendant lequel chacun ne dit du mal que de soi-même et chante les louanges de son voisin.

La Chambre des députés valide les élections sénatoriales. D'ordinaire, elle ne se montre pas trop féroce et consent à un nombre raisonnable d'invalidations. Cette année, la majorité s'étant, par hasard, trouvée du parti avancé, elle a eu la cruauté de valider en bloc tous ces pauvres conservateurs. Une telle rigueur que rien ne justifiait a causé un vrai scandale, mais les autres n'en ont pas moins été réduits à garder leur place.

Dans sa sagesse, la nation rend le gouvernemen

responsable de chacune des calamités qui arrivent, peste, grêle, épizootie, cherté, inondations. S'il s'agit de fléaux naturels, on s'en prendra au président ou au souverain. On le maltraite, on l'emprisonne, on le fait jeûner jusquà ce que le ciel se montre plus clément. Aussi, les chefs de gouvernement ne tentent-ils jamais de coups d'Etat que pour se débarrasser plus vite du pouvoir. Le dernier président, soupçonné d'en avoir préparé un qu'il n'avait pas le moyen d'exécuter, a été bien attrappé. On l'a contraint à garder son fauteuil dix ans de plus.

Pour les crises qui se produisent dans les affaires ou dans l'industrie, on s'adresse au ministère. Que des jeux de bourse aient, par exemple, compromis la fortune d'un certain nombre de rentiers, il faudra que le ministre des finances les indemnise de sa poche. Si une pièce de théâtre a semblé assommante aux spectateurs, ils iront briser les vitres du ministre de l'instruction publique, qui ne sait pas maintenir l'art à un niveau digne de la majesté républicaine. Après la période des examens, il est d'usage que tous les *fruits secs* se réunissent pour donner un charivari à Son Excellence, attendu que « c'est de la faute aux professeurs, » et qu'elle n'avait qu'à les choisir plus capables. Enfin, en vertu du principe essentiel de la violabilité du chef de l'Etat, au cas où l'armée éprouverait le moindre échec, celui-ci est fusillé sans retard.

Grâce à ce procédé dont on ne pourrait trop admirer la délicatesse, on lui évite l'ennui d'être qualifié de *traître*, de *capitulard*, de s'entendre dire chaque matin une foule de choses désagréables de la part de folliculaires sans scrupules.

Il en est à proportion de même pour les autres serviteurs de la chose publique. Aussi les lettres et les arts brillent-ils du plus vif éclat ; l'agriculture et le commerce ont-ils atteint un degré inouï de prospérité. Par exemple, les citoyens éprouvent une véritable horreur à devenir fonctionnaires, et il faut que des peines sévères menacent celui qui refuse le poste à lui confié. La majorité radicale dont nous avons déjà parlé, a évidemment abusé de son pouvoir en destituant tous ses partisans et en multipliant les places qui, toutes, retombent à la charge des conservateurs.

Ces mesures rendraient le pouvoir trop méticuleux en ce qui concerne les réformes à adopter. On y a pourvu en exigeant du président et de ses ministres le serment solennel de violer la Constitution toutes les fois que le salut de la société l'exige. Les membres du dernier ministère, convaincus de parjure sur ce point, ont été bien rigoureusement frappés. On les a condamnés à conserver leurs portefeuilles leur vie durant. En apprenant ce terrible arrêt, quelques-uns d'entr'eux, ne pouvant plus maîtriser leur désespoir, se sont immédiatement brûlé la cervelle.

L'on avait remarqué, depuis longtemps, une tendance spéciale à certains journalistes de ce pays là, et et sans doute due au climat, de conter des bourdes au public. Pour y remédier, on impose à chacun d'eux la promesse qu'il ne dira jamais un mot de vrai dans sa feuille.Les lecteurs sont avertis et n'ont qu'à juste titre le contre-pied de ce qu'on leur débite. Ceci ne s'applique pas, bien entendu, aux rédacteurs de l'*Officiel*, qui sont la véracité même et préféreraient être pendus plutôt que de se permettre la plus légère exagération. Quoiqu'il en soit, le publiciste inculpé du délit de nouvelle vraie, est passible d'une amende en rapport avec l'importance de ladite nouvelle et de son degré de sincérité.

Il existe une grande variété de croyances, en ce pays, et chacun suit librement celle qu'il préfère. Crainte d'erreur et ne sachant pas toujours quelle est la meilleure, beaucoup de citoyens professent et pratiquent plusieurs religions à la fois. Celui qui s'en tient à une ou deux passe pour tiède, presque pour un indifférent ; mais le cas se présente rarement. Le clergé fait bien tous ses efforts pour calmer cet excès de ferveur et modérer l'ardeur religieuse de ses ouailles ; malheureusement, il n'y réussit pas toujours.

9 mai 1879.

Voici un mot assez heureux d'un sénateur centre-gauche et qui paraît peindre fidèlement la situation. « Nous n'avons pas encore la République Athénienne « que l'on nous promet, mais, du moins, nous avons « celle des Grecs et c'est un acheminement. »

*
* *

Une importantante nouvelle archéologique nous est annoncée dans la lettre suivante, que nous nous empressons de reproduire :

« Monsieur,

« Il n'est bruit à Rome, que de la découverte d'une inscription, la plus ancienne qui nous soit parvenue. Elle jette un jour tout nouveau sur les premiers temps de la République Romaine. En voici la première ligne qui seule a pu être déchiffrée :

MSCAE VOLA QVEST-ERAR-REIP

« La lettre entre l'*a* et l'*o* se trouve un peu effacée, il en reste cependant assez pour juger que c'était certainement un *l*. Il faut donc lire *vola*. C'est vraisemblablement par suite d'une erreur du lapicide qu'un léger intervalle se rencontre entre *scae* et *vola*. Cette partie d'inscription se lira par conséquent d'une façon certaine : « *M. Scævola questor ærarii Reipublicæ.* » M. Scævola étant questeur du Trésor de la République. » Le questeur du Trésor était quelque chose comme le ministre des finances de ce temps là. Sans aucun doute, il s'agit ici du célèbre *Mucius Scævola* qui se brûla la main pour se punir d'avoir manqué Porsenna. Si, du reste, on parvient à déchiffrer quelque chose du reste de l'inscription, je vous en donnerai avis.

« Un Athénien de Rome. »

*
* *

On sait le mot d'un gavroche de Belleville : « Pour « moi, j'aimerais autant que la Chambre rentrât à « Paris, parce que cela permettrait à Paris de rentrer « dans la Chambre. »

Peut-être, est-ce de ce racontar que se sont inspirés quelques gens malveillants. Ils osent prétendre que depuis qu'il est question de ce retour, un certain nombre de nos législateurs consacraient leurs loisirs à prendre des leçons de natation.

Nous ne pouvons voir là qu'une calomnie manifeste et que dément, d'ailleurs, l'habileté bien connue de plusieurs de nos honorables à nager entre deux eaux.

En revanche, bon nombre de députés et de sénateurs auraient écouté, avec grand intérêt, une conférence donnée par nous ne savons quel professeur, ces jours derniers. A voir l'attention des auditeurs on eût dit qu'il s'agissait d'une question toute d'actualité.

L'orateur traitait de la fameuse *Défénestration de Prague*. L'on sait ce qu'il faut entendre par ces mots. Le peuple de Bohême, mécontent de l'attitude de ses représentants, jugea à propos de leur donner une leçon bien méritée en les jetant tous par les fenêtres du Corps législatif. Ce qu'il y a de plus curieux, c'est que les émeutiers, en se livrant à cet acte de justice sommaire, affirmaient user d'un droit parfaitement légal, et s'en référaient à d'anciens précédents faisant partie du droit coutumier de la Bohême.

Il est clair que nos législateurs n'ont rien à craindre de pareil, aucun précédent connu n'autorisant les républicains de France à se livrer, sur leur personne, à ce genre d'exercice.

*
* *

Tout n'a pas encore été dit au sujet du vote d'amnistie. Il paraît que les intrigues de certains chefs Canaques n'y auraient pas été étrangères. On nous affirme, mais sous toutes réserves, que l'un d'eux aurait confidentiellement écrit au ministère de la marine pour demander le rappel des communards. « Autrefois, « disait-il naïvement, mes sujets, bien qu'un peu « anthropophages, étaient-ils les gens du monde les plus « faciles à conduire et de vrais moutons. Ils respec- « taint scrupuleusement les lois de leur pays et j'en « faisais tout ce que je voulais. Depuis que quelques « méchants communards sont venus se fixer parmi eux

« et leur prêcher l'insubordination, ils se conduisent « en vrais sauvages et on ne peut plus les tenir.

*
* *

Nous nous empressons de donner connaissance au lecteur d'une lettre de demande de renseignements qui nous est adressée, ainsi que de la réponse par nous faite. Si quelqu'un peut nous fournir des éclaircissements, nous lui en serons reconnaissant.

Voici la lettre :

Monsieur,

« En vérité, depuis que nous sommes en République, on dirait que la langue elle-même a été révolutionnée et que l'on en est revenu aux temps des Ostrogoths. Partout, dans les cafés et places publiques, l'oreille est frappée de termes inédits et auquel un provincial comme votre serviteur n'entend absolument rien. Tenez, pas plus tard qu'hier, j'étais allé dîner au restaurant et voilà qu'un habitué crie : « Vite, garçon » et mon *Duhamel au beurre frais.* » Le garçon a eu l'air d'avoir parfaitement compris. Au bout de cinq minutes, il est revenu portant dans un plat, quelque chose que l'éloignement ne m'a pas permis de distinguer. Qu'est-ce que cela pouvait bien être ?

En même temps, un de mes voisins de table disait à un convive après avoir parcouru le journal : « Mais quelle boîte à cretins que ce Conseil....... » Puis quelques mots prononcés trop bas pour que j'aie pu les saisir. De quel Conseil s'agit-il, s'il vous plaît? Dites-le moi, si vous le savez, vous qui êtes un Parisien pur-sang.

X..., abonné de Province.

Regrettant de ne pouvoir satisfaire d'une façon complète notre honorable abonné, nous nous empressons de lui adresser la réponse suivante :

« Vous me demandez, Monsieur, ce que peut bien vouloir dire le néologisme *un Dühamel au beurre frais.* Les renseignements par vous fournis ne suffisent pas à résoudre le problème, mais du moins ils peuvent nous mettre sur la voie. Ce sont surtout les poissons que l'on apprête au beurre frais. Il faudrait donc voir à quelle espèce de ces vertèbres conviendrait le mieux l'expression en question. En tous cas, nous ne pensons pas qu'il se puisse agir ici de morue ni de raie, attendu que le premier de ces animaux se mange d'ordinaire à la sauce blanche et l'autre au beurre noir.

« Quant à l'assemblée désignée du nom de *boîte à crétins*, nous ne pouvons rien vous dire. Il conviendrait de rechercher quel est le Conseil, soit provincial, soit parisien, qui a émis les vœux les plus saugrenus, concernant la liberté d'association ou celle de l'enseignement.

« Veuillez agréer, Monsieur, etc. »

9 avril 1879.

On dit M. Ferry très-préoccupé de la destinée de ses projets de loi. Il craint fort de les voir repoussés par le Sénat et, dans cette hypothèse, tenterait de jouer quelque nouveau tour de sa façon aux Jésuites. Il songeait, assure-t-on, à les faire flétrir par un vote solennel de la Chambre et se serait, dans ce but, adressé à M. Rameau. Celui-ci aurait répondu qu'ayant déjà flétri une fois, cela suffisait à sa gloire et qu'il ne se souciait pas de recommencer. Repoussé de ce côté, le ministre de l'instruction publique penserait à charger quelqu'autre député, tel que MM. Duportal ou Bonnet-Duverdier, du soin de flétrir la Compagnie de Jésus. Ceux-ci ne demanderaient pas mieux, assure-t-on que de devenir flétrisseurs à leur tour. Ils ne l'ont pas encore été et cela les changerait.

Il y aurait bien encore la ressource de l'*appel comme d'abus*, mais il faudrait interpréter la loi d'une façon bien élastique, pour y soumettre de simples religieux.

Au reste, les RR. PP. tremblent déjà, paraît-il, de tous leurs membres à la pensée d'un châtiment si terrible et des conséquences redoutables qu'entraînerait pour eux une pareille condamnation comme d'abus.

*
* *

Certaines feuilles républicaines ont encore le toupet de soutenir que l'éducation cléricale ne peut faire que des générations dépourvues de force morale et d'amour pour leur pays. Ce sont là, paraîtrait-il, des vertus monopolisées par les libres-penseurs et les hommes de 89. Et, de fait, nous n'entreprendrons point ici de faire l'éloge des jeunes élèves de ces religieux que l'on veut expulser aujourd'hui de l'enseignement, en attendant mieux. Leur conduite pendant la dernière guerre a été réellement au-dessus de toute louange. L'on peut dire que ce sont surtout eux qui ont soutenu l'honneur des armes françaises. Les persécuteurs eux-mêmes sont les premiers à savoir à quoi s'en tenir à cet égard. Il est clair que chasser de tels maîtres, c'est faire les affaires de l'étranger et remplir un des vœux les plus chers au cœur de M. de Bismarck. En outre, c'est une grotesque illusion que de croire affaiblir par là la cause du catholicisme. M. Ferry et les ministres n'auront fait que ménager aux jésuites un succès éclatant, le jour où un autre régime remplacerait celui dont nous avons le bonheur de jouir pour le moment. Aussi, est-on d'accord à trouver qu'à tous les points de vue, M. le ministre de l'instruction publique travaille bien réellement *pour le roi de Prusse.*

*
* *

La question du retour des Chambres à Paris traîne

un peu en longueur. On attend, dit-on, pour la résoudre définitivement, l'ouverture de la saison des bains froids.

*
* *

Quelques personnes s'inquiètent du retour des déportés de Nouméa. Elles craignent que la peine subie ne les ait pas changés ; que, peu touchés de la sollicitude dont ils ont été l'objet, ces intéressants proscrits ne reviennent animés des mêmes haines et des mêmes passions. Nous sommes heureux de pouvoir rassurer les gens timides sur ce point. Nos frères de Nouméa ont profité des leçons de l'exil et ils rentreront dans leurs foyers dix fois plus enragés qu'ils ne les avaient quittés. En outre, leur ambition a considérablement grandi au soleil des tropiques. Il ne leur suffira plus de brûler quelques méchants immeubles ou d'avoir du vin à discrétion ; ce qu'il leur faut maintenant, ce sont les honneurs et les places. Le dernier convoi s'est intitulé lui-même : *convoi de candidats*. Ce sont les sénateurs, députés, conseillers municipaux de l'avenir. Il paraît qu'une de leurs constantes préoccupations, pendant la traversée, c'était de trouver un moyen chimique de détruire Paris instantanément, l'emploi du pétrole étant jugé d'une insuffisance et surtout d'une lenteur ridicules. Que les bourgeois paisibles se rassurent donc. Si Paris passe par une nouvelle commune, du moins ils ne seront point pétrolés. Quelques députés conservateurs songeraient, dit-on, à demander que le bénéfice de l'amnistie soit aussi étendu aux citoyens coupables du crime de n'avoir pas pris part à la Commune. Nul doute que le patriotisme éclairé de la majorité ne lui fasse un devoir de repousser une proposition aussi honteusement entachée de l'esprit de réaction.

*
* *

Somme toute, la situation a peu changé et on peut toujours la définir par ce mot d'un membre de l'extrême gauche : « Ce qui fait notre force, c'est que la « France ne sait pas ce qu'elle veut et elle ne sera tran- « quille que quand on le lui aura donné. »

*
* *

Un personnage politique soutenait dernièrement devant nous que, vu l'état de division du parti conservateur, la République était chose *fatale*. Fatale est juste, mais *funeste* n'aurait-il pas été encore plus exact?

*
* *

Conseils pratiques à un candidat : « Allez, faites-vous voir, faites-vous entendre, mais tâchez de vous faire connaître le moins possible. A ce prix, vous êtes sûr de réussir. »

*
* *

Quelqu'un s'étonnait naguère que le gouvernement républicain n'ait point fait surgir d'hommes. Est-ce que la République serait comme les déserts de l'Afrique dont parle Pline et qui ne produisent que des bêtes ?

24 avril 1879.

LA SOMNAMBULE ET LES LOIS FERRY

Certaine somnambule extra-lucide vient de nous faire connaître un extrait du discours que M. le Ministre de l'instruction publique compte prononcer devant le Sénat pour soutenir ses projets de loi. Nous le reproduisons intégralement, mais sous toute réserve :

« Messieurs,

« Avant tout, il faut être conséquent. La déclaration des droits de l'homme, rédigée par nos pères de 1789, proclame la liberté un droit imprescriptible et que nous pouvons revendiquer par tous les moyens imaginables.

« Or, qu'est-ce que la liberté ? La faculté, sans doute, de faire tout ce que l'on veut. Précisément, notre volonté, c'est de vexer, de molester les catholiques. Si ceux-ci refusent de se laisser vexer, ils nous empêchent de faire ce que nous voulons et, par suite, oppriment notre liberté.

« Qui de vous, Messieurs, n'a dans sa jeunesse, versé des larmes d'attendrissement au souvenir des infortunes de ce pauvre loup si cruellement tyrannisé par l'agneau, lequel poussait l'obscurantisme au point de ne pas vouloir se laisser croquer par lui. Vous savez tous aussi de quelle façon radicale l'innocent carnassier s'y prit, afin d'échapper à l'oppression et de satisfaire à la fois son goût pour les côtelettes et pour l'indépendance. Suivons ce noble exemple, Messieurs, et nous aurons bien mérité de la liberté.

« Et l'on nous accuse de manquer de logique, d'être les tartuffes du libéralisme ? Si cela ne fait pas suer, Messieurs ! En vérité, il n'y a que d'infâmes réactionnaires pour débiter de pareils sophismes, imaginer de si grotesques calomnies. Qu'est-ce, en effet, que le libéralisme ? c'est l'amour de la liberté, le nom l'indique assez. Or, le propre de l'amour, c'est d'être exclusif. Plus il est exclusif, plus il est sincère. Précisément, nous professons pour ladite liberté une affection si vraie que nous la voulons garder tout entière pour nous et n'en laisser aucune à nos adversaires. Voilà de la logique ou je ne m'y connais pas.

« Et puis, songez-y, Messieurs, il s'agit de maintenir la touchante harmonie qui règne actuellement entre les membres de la grande famille française. Grâce à la République, tout le monde est aujourd'hui d'accord ou à peu près sur tout. Nous n'avons plus qu'un cœur et qu'une âme et chacun ne songe qu'à faire plaisir à son voisin. La chose est notoire. Gambetta se réjouit du succès de Blanqui, lequel tend la main à M. de la Rochette, lequel embrasse avec effusion Rouher, tandis que ce dernier porte dans son cœur le duc de Broglie. Ne laissons pas l'éducation congréganiste introduire des germes de division qui n'existent pas dans ce sanctuaire de la paix. Au nom de la liberté, de l'égalité, de la fraternité, étouffons la voix des cléricaux, de peur que leurs fausses notes ne viennent changer en une cacophonie intolérable pour nos oreilles républicaines, un si délicieux concert.

Pous assurer le maintien de la concorde universelle, ne craignons pas d'employer, Messieurs, les grands moyens. Traquons nos adversaires sans ménagement, irritons jusqu'à l'exaspération, la conscience d'un tiers des Français, s'il le faut.

« Par amour de la paix publique, ne craignons pas, au besoin, de déchaîner la guerre civile.

« Notre humeur pacifique ne doit avoir d'égale que la loyauté de notre cœur et la logique de nos raisonnements.

« Oui, Messieurs, au risque des plus cruelles dissensions, nous forcerons tout le monde à obéir à nos fantaisies. Ainsi sera assuré à chacun le droit indéniable de penser comme nous et de faire ce que nous voulons. Un grand homme nous l'a dit déjà :

« Et je consens qu'en liberté,
« Chacun vive à ma volonté.

« En agissant de la sorte, nous donnerons une grande preuve de ce bon sens éclairé, de cet esprit pratique et surtout de ce penchant à la tolérance qui a toujours distingué les vrais républicains.

« L'on a soutenu que le suffrage universel pourrait bien un jour changer d'avis, en ce qui concerne la persécution anticléricale, et regretter l'élection de députés si acharnés à faire la guerre aux frères et aux sœurs. Messieurs, nous avons trop de confiance dans la profonde sagesse de nos concitoyens et dans leur incomparable discernement, pour admettre la réalisation d'une pareille hypothèse. Et, d'ailleurs, quand, par impossible, elle viendrait à se réaliser, nous ne serions pas embarrassés pour si peu. La souveraineté populaire est infaillible, précisément parce qu'elle est le progrès, parce qu'elle est la lumière. Or (suivez bien mon raisonnement), être pour le progrès, pour la lumière, être infaillible, en un mot, n'est-ce pas penser comme nous en toute chose? Si donc le suffrage universel venait à ne plus être de notre opinion, ce ne serait pas le suffrage universel, et nous ne serions pas tenus de le respecter. Nous le lui avons bien fait voir au temps de la première République, et sommes tout prêts à le lui faire voir encore.

« Et puis, le peuple, en nous nommant, a prouvé qu'il était anti-clérical et républicain. Si donc, il venait à nous remplacer par d'autres députés ou sénateurs conservateurs et cléricaux, ce ne pourrait être de sa part qu'erreur ou distraction, car étant infaillible, il ne saurait vouloïr se déjuger.

« Justement, notre profonde vénération pour le verdict populaire, nous obligerait à le casser, fut-ce par la force. C'est ainsi que, sous le Directoire, pour dissiper l'erreur du pays qui avait nommé des royalistes, et réparer ses distractions, on envoya ses députés mourir de la fièvre jaune à Cayenne.

« Voilà comme il faut faire, Messieurs : allez, votez mes lois. De la sorte, nous maintiendrons ces traditions d'humanité, de loyauté, de sens commun, qui ont toujours fait la gloire du parti républicain. Notre conduite continuera, tout autant que par le passé, à faire l'étonnement et l'admiration du monde civilisé. C'est moi qui vous le dis, et certes, vous pouvez m'en croire, je ne suis pas du tout un farceur. »

10 juin 1879.

Ces Canaques ont parfois bien de l'esprit, et leur zèle éclairé fait honte à l'obscurantisme de tous nos cléricaux. Désireux de s'associer à la lutte engagée par le gouvernement de la métropole contre l'ultramontanisme, ne viennent-ils pas de demander au gouverneur de la Nouvelle-Calédonie, l'autorisation de dévorer tous les missionnaires du pays? Ils pousseraient même la complaisance jusqu'à expédier également les curés du crû, et tout le clergé, tant régulier que séculier, à commencer, bien entendu, par les éternels ennemis du progrès que l'on appelle les jésuites. On ne saurait nier, en effet, que ces intelligents sauvages n'aient trouvé le moyen le plus efficace d'extirper la lèpre dévorante du cléricalisme. Par exemple, ils ont oublié de dire à quelle sauce ils comptaient mettre les Révérends Pères, s'ils les feraient cuire ou se contenteraient de les manger à la croque au sel.

Peut-être est-ce là le motif pour lequel on n'a pas encore répondu à leurs offres aussi philanthropiques que radicales.

Chef et couvre-chef. — La situation continue à être des plus tendues dans la Roumélie Orientale et si un prompt remède n'y est apporté, il pourra bien sortir de là une guerre civile, en attendant que l'Europe entière y prenne part. C'est qu'aussi, il s'agit d'une question de la plus haute importance. Comment sera coiffé le nouveau gouverneur, d'un fez ou d'un chapeau? Les chrétiens tiennent mordicus au chapeau; les Musulmans, qui ont la tête près du turban ne veulent pas que l'on touche à leur fez.

Les personnages politiques les plus huppés du pays ont épuisé les ressources de leur diplomatie à proposer certains compromis, mais cela sans succès jusqu'à ce jour.

On a d'abord invité le chef de l'Etat à rester tête nue; malheureusement, quelques jours d'essai lui ont valu un fameux coriza. Il refuse de continuer une expérience qui lui semble le comble de l'inopportunisme par le temps qu'il fait. D'ailleurs, aucun article de la Constitution ne le condamne au rhume à perpétuité, et il s'en va répétant tristement: « Allons, je vois bien que je ne suis pas né coiffé. »

La perruque aurait beaucoup de charmes; malheureusement, elle rappelle trop Louis XIV et le vieux temps. Les fortes têtes de l'endroit la repoussent comme présageant le retour à un ancien régime d'autant plus à craindre pour la Bulgarie qu'il n'y a jamais existé.

La casquette proposée par quelques membres de l'extrême gauche a peu de chance d'être acceptée. On trouve qu'elle manque de tenue. D'ailleurs, le pays est-il déjà mûr pour une institution aussi démocratique?

Reste enfin le pacifique bonnet de coton qui semblait de nature à n'effaroucher personne, à concilier tous les intérêts. C'est lui cependant qui menace de devenir le brandon de discorde. Turcs et chrétiens s'accordent à le proscrire, prêts à s'ensevelir sous les ruines de leurs demeures plutôt que de le jamais accepter. A leurs yeux prévenus, le modeste casque à mèche se transforme en fulmi-coton.

Tous les cabinets de l'Europe, mornes et abattus, attendent avec une impatience fébrile, mais bien facile à comprendre, la solution de ces redoutables questions. Puisse le ciel, dans sa miséricorde, abréger pour eux les temps d'angoisse et d'épreuve !

Dernières nouvelles. — Bonheur inespéré ! Evènement immense! Un revirement imprévu vient de se produire, et le triomphe du casque à mèche semble dorénavant certain. Qu'ils soient confondus, les artisans de trouble, et que les citoyens paisibles sentent le calme rentrer dans leurs âmes ! Puisse la victoire de la cotonnade faire luire sur l'univers entier, l'aurore d'une nouvelle ère de fraternité, de paix et de prospérité !

Je ne sais si vous partagez nos sentiments, amis lecteurs, mais pour nous, notre cœur déborde d'une joie vraiment patriotique, en songeant qu'il y a quelque part, sur cette terre, un peuple encore plus naïf que nos concitoyens.

Ch. Duhamel, à peine débarqué en Algérie, aurait manifesté l'intention de s'occuper de zootechnie et d'élevage. Qu'éduquera-t-il ? Des chameaux ou des grues ? On n'a pu nous le dire.

1er juillet 1879.

L'attitude de S. A. le duc d'Aumale, à propos du vote de rejet de l'article 7, n'a pas été sans exciter quelque surprise.

Président du Conseil général de son département, non seulement, il n'a point assisté à la séance, mais n'a même point fait connaître sa manière de voir sur la question.

Quelques esprits malveillants ont profité de la circonstance pour se livrer à toutes sortes de commentaires inutiles à relater ici.

Nous sommes heureux de leur apprendre qu'ils sont absolument dans leur tort. Cette abstention fait au contraire le plus grand honneur à Son Altesse. Les besoins du service militaire étaient tellement urgents que, non seulement elle a dû quitter sur l'heure le département, mais encore qu'elle n'a pu trouver une minute depuis pour faire connaître, d'une façon quelconque son avis au sujet dudit article.

Que le pays est heureux d'avoir des fonctionnaires si actifs, si dévoués, si incapables de transiger avec leur devoir professionnel! Vraiment, il n'y a que des princes pour montrer tant de zèle.

*
* *

Il y a quelque temps, nous avons donné un extrait des dispositions principales de la nouvelle loi sur la presse que préparent nos libéraux. Dans les cercles politiques, on se préoccupe beaucoup de cette loi qui, à en juger par ce que nous avons déjà dit, sera passablement sévère.

Mais que voulez-vous? il faut bien défendre un peu cette pauvre République et ses chefs contre ces affreux réactionnaires qui, depuis quelque temps surtout, semblent prendre un malin plaisir à la turlupiner. Et puis d'ailleurs, laisser de la liberté à ses adversaires, leur permettre de discuter les actes du pouvoir, c'est bon pour le régime d'odieuse tyrannie que l'on appelle la Monarchie. La République, elle, se règle d'après d'autres principes. Sans cela, à quoi bon l'avoir substituée à la royauté? Est-ce qu'elle n'est pas infaillible, impeccable, elle et jusqu'au dernier de ses agents? Et comment pourrait-elle vivre, si chaque matin, d'indignes folliculaires osaient faire entendre qu'elle commet bévues sur bévues, et que ses partisans sont de singuliers personnages?

Pour nous, ce que nous reprocherions au projet de loi, c'est plutôt de n'être pas assez complet, de ne pas mettre assez le régime dont nous jouissons à l'abri des attaques.

Ne pourrait-on pas, par exemple, édicter quelques mesures telles que les suivantes, pour certains délits spéciaux ?

1° Avoir dit que nos maîtres sont des ganaches, et leur République un piètre gouvernement : les travaux forcés à perpétuité.

2° L'avoir démontré : l'empalement jusqu'à ce que mort s'ensuive, avec aggravation de peine en cas de récidive.

3° Avoir dit ou écrit : « Nous doutons que la République soit le plus libéral des régimes connus » : le bannissement à perpétuité, avec confiscation des biens.

4° S'être contenté de le penser : le bannissement à temps, jusqu'à ce que le délinquant, revenu à une plus juste appréciation des choses, confesse que rien n'égale la liberté dont on jouit en République.

5° Avoir soutenu que les affaires vont mal, que le commerce, l'industrie et l'agriculture se trouvent dans la marasme, qu'en un mot, tout n'est pas pour le mieux dans le meilleur des mondes possibles : les travaux forcés pour vingt ans, étant inadmissible qu'en République, les choses n'aillent pas comme sur des roulettes.

6° Avoir traité de *crétins* les projets de loi Ferry, et leur auteur de *nigaud* : la déportation dans une enceinte fortifiée.

7° Avoir dit du mal de M. Thiers : dix ans de prison avec surveillance de la haute police, puisque ce grand homme est un des pères de la République.

8° En avoir dit du bien : vingt ans de la peine en

question, puisque le même personnage a prophétisé que *la République tournerait toujours au sang ou à l'imbécillité.*

9° Insinuer que, sur ce point, Thiers n'avait peut-être pas tout à fait tort : la mort.

10° Dire ou écrire que les républicains sont plus sujets à débiter des contes qu'à rendre les leurs : le bannissement à vie, avec confiscation des biens.

La modestie faisant le fond du caractère républicain, les éloges qui pourraient effaroucher leur pudeur seront interdits à l'égal des injures. Ainsi, il ne sera pas permis de trouver que M. Duhamel est un garçon bien obligeant, bien hospitalier, cherchant à faire plaisir à tout le monde. Il ne faudra pas louer, non plus, l'esprit d'humilité avec lequel le ministère tend la joue gauche, lorsqu'il a reçu un soufflet sur la droite. Ce serait lui enlever, devant Dieu, le mérite de sa bonne action.

En revanche, ne pourrait-on pas décerner des récompenses pour les républicains qui auraient accompli l'œuvre méritoire d'*embêter* les conservateurs? Par exemple, avoir dit qu'il faut les fusiller, donnerait droit à un poste d'ambassadeur. Celui qui aurait *cambronné* ses collègues à la tribune pourra réclamer une recette générale. Le député qui se serait borné à leur montrer le poing ou à les traiter de *muffles*, devra se contenter d'une sous-préfecture.

Et puis, n'y aurait-il pas aussi le chapitre des délits par omission? Le journaliste par exemple, qui n'aurait pas montré pour la République suffisamment d'enthousiasme, passerait en prison un temps proportionné à son degré de tiédeur. Le citoyen convaincu d'avoir laissé s'écouler plus de six mois sans crier : *Vive la République !* ou beugler la *Marseillaise*, serait condamné à faire amende honorable, nu-pieds, en chemise et la corde au cou.

Que l'on se dépêche vite de nous rédiger un projet de loi dans ce sens. La majorité est par trop patriote, trop libérale pour ne pas l'accepter et la République sera fondée à jamais.

*
* *

Nous nous étions demandé, dans un dernier numéro, de quelles bêtes M. Duhamel entreprendrait l'éducation. De nouveaux renseignements nous permettent d'être aujourd'hui plus explicites. Il ne s'occupera ni de chameaux ni de grues et consacrera tous ses loisirs à l'acclimation des biches.

5 août 1879.

M. Jules Ferry, l'illustre ministre d'instruction publique, dont nous avons le bonheur de jouir en ce moment, vient de s'immortaliser par une découverte de la plus haute importance. Ainsi qu'il l'annonçait dernièrement du haut de la tribune nationale, il a retrouvé les deux ou trois idées qui servent de base à la société issue de 89. Deux ou trois idées, ce n'est guère, il faut l'avouer, et la société moderne repose sur une assez maigre base. Espérons que des découvertes ultérieures pourront en augmenter le nombre et le porter, au moins, jusqu'à la demi-douzaine. Mais, enfin, si ces idées ne brillent pas par leur abondance, se distinguent-elles, au moins, par leur justesse? Répondre à cette demande ne serait pas chose facile, l'orateur ayant omis de nous dire en quoi elles consistent.

Quoi qu'il en soit, plusieurs RR. PP. de la gauche et de l'extrême gauche, forts de l'autorité que leur donnent leurs lumières et leurs vertus exclusivement laïques, et tout fiers d'ailleurs de s'être reconnus porteurs des deux ou trois idées ci-dessus mentionnées, songeraient à se réunir en un concile exclusivement laïque également. On ne nous dit pas si le concile sera œcuménique ou simplement provincial, mais il ne faut pas douter que ses travaux n'illuminent l'univers entier. On s'occupera tout d'abord de rédiger l'Évangile et le Syllabus du monde moderne. On y dressera le canon des articles de foi politique que tout citoyen doit croire et professer sous peine d'être déclaré réactionnaire, livré au bras séculier, c'est-à-dire destitué, s'il est fonctionnaire et reconnu indigne après sa mort de donner son nom à la moindre rue, cul-de-sac ou place publique. La crainte de ce nouveau genre de damnation ne manquera pas, sans doute, de faire la plus profonde impression sur l'esprit des électeurs, de les maintenir dans la voie du salut républicain, et remplacera avantageusement la ci-devant peur de l'enfer. Peut-être un léger retour aux pratiques de l'Inquisition sera-t-il jugé opportun, mais nous croyons savoir de bonne source que l'esprit si profondément libéral des RR. PP. répugnerait à l'emploi, au moins immédiat, du bûcher à l'égard des cléricaux, conservateurs et autres mécréants. On verra plus tard ce qu'il convient de faire à cet égard.

Par la même occasion, le Sacré synode soumettra à une sévère révision les œuvres des écrivains infestés de cléricalisme et spécialement de ceux qui appartiennent à la compagnie de Jésus. L'examen sera fait au triple point de vue de la morale, du dogme et de la discipline. On y foudroiera l'hérésie damnable de ces parpaillots qui, par une malice vraiment infernale et une mauvaise foi évidente, confondant la cause cléricale avec celle de la religion, prétendent diriger leur conscience d'après les enseignements ecclésiastiques et non d'après ceux des rédacteurs du Siècle, du Temps ou autre théologiens *ejusdem farinœ.* Nous verrons, maître Gambetta lever les yeux au ciel avec une vertueuse indignation en apprenant les réserves admises par le P. Escobar, lorsqu'il s'agit de comptes à rendre. MM. Jules Ferry et Paul Bert ne manqueront pas de taxer Suarez d'une indulgence ridicule en ce qui concerne les restrictions mentales. Evidemment, le mensonge et la calomnie révolteraient moins ces Messieurs que là simple simulation, tant ils ont l'âme délicate et la conscience scrupuleuse. Par contre, le citoyen Bonnet-Dnverdier sera tout près de se reconcilier avec les enfants de Saint-Ignace, lorsqu'il verra que, dans certains cas, le P. Rodrigues autorise à ne point rendre le dépôt qui nous a été confié.

Sitôt après la clôture du Concile, M. Say, à ce que l'on nous affirme, mettra la dernière main à un ouvrage *les étapes d'une conversion de la rente* pour faire suite aux *étapes d'une conversion* par *Paul Féval.*

Avant de déposer la plume, nous tenons à nous disculper d'un reproche à nous adressé, celui de haïr une partie de nos compatriotes. Quelle fausseté! Bien loin de partager l'avis de maître Picard qui adorait la République, mais ne pouvait souffrir les républicains, nous aimons passionnément ces derniers, d'autant plus même qu'ils sont plus avancés; et cela par la raison qui portait Fontenelle à n'aimer les enfants que lorsqu'ils crient ou pleurent, car, alors, on les emmène de suite.

19 août 1879.

M. Gambetta se plaint de la guerre sourde que lui fait M. Jules Simon. « Est-ce que les républicains devraient, s'écrie-t-il, se diviser ainsi ? Les loups ne se dévorent pas entre eux. » Nous ne chicanerons pas M. le président de la Chambre sur l'assimilation ainsi établie entre les partisans de la République et de fort vilaines bêtes. On peut se demander toutefois si ce qui est vrai des loups le serait, au même titre, des loups-cerviers.

***

Le bruit court qu'à la prochaine crise ministérielle, un portefeuille sera réservé à M. Margue. N'est-ce pas l'homme de France le plus fort sur les questions de cabinet ?

***

Un journal radical aurait, dit-on, jugé à propos d'adresser aux sans-culottes du Zululand l'expression des sentiments de fraternité des sans-culottes de France. Les Zulus se montreraient assez peu flattés du communisme de ce rapprochement. « Nous sommes, disent-ils, de braves soldats, ne parlant pas toujours de guerre à outrance, mais sachant la faire au besoin et verser notre sang pour la défense de la patrie. Nous sommes disciplinés, soumis à nos chefs, ne pillons que nos ennemis et ne nous comportons pas toujours en sauvages et en brigands. En quoi ressemblons-nous donc aux pétroleurs d'Europe et à quel titre passerions-nous pour leurs frères ? »

*
* *

M. Jules Simon vient de faire son rapport sur les prix de vertu. Pourquoi n'instituerait-on pas un prix de candeur, dont l'éminent orateur aurait sans doute grande chance d'être le premier lauréat ?

*
* *

Un ancien ministre du département vient d'écrire une longue lettre, pour mettre sa personne à couvert sous les idées de Thiers. Que ne nous a-t-il exposé l'histoire de ses propres idées et donné son propre panégyrique ? Cela eût été bien plus drôle. On y aurait vu de quelle façon une inébranlable conviction à ses opinions républicaines doit décider un galant homme à passer d'une extrémité à l'autre de la gamme politique. On y trouverait d'utiles renseignements sur la couleur précise des chevaux qui devaient ramener le roy dans sa bonne ville de Paris. On y admirerait aussi le noble désintéressement avec lequel un homme d'Etat abandonne son portefeuille, plutôt que de s'abaisser à répondre aux accusations d'un folliculaire sans scrupule.

*
* *

Le malheur veut que notre République ne soit pas suffisamment appréciée à l'étranger. Un journal anglais a l'audace de soutenir que nos homme d'Etat ne sont même pas des *hommes de métier*, et il les traite sans façon de *gâcheurs*.

Evidemment l'envie seule fait ainsi parler cette feuille. Elle ne veut pas avouer à ses lecteurs la supériorité écrasante de notre personnel gouvernemental sur celui des autres pays. Si nous le prêtions à l'Angleterre, ne fût-ce que pour quelques jours, elle tiendrait bien vite un autre langage.

*
* *

Un philosophe humoristique définit ainsi la situation politique de la France. « Les électeurs ne veulent pas du comte de Chambord, parce qu'il parle ; du prince Jérôme, parce qu'il se taît ; de la République, parce qu'elle agit ; des princes d'Orléans, parce qu'ils n'agissent pas. A cela près, rien de plus facile que de les satisfaire. »

*
* *

L'Hellénisme en France. — M. Ferry, nous assure-t-on, a laissé à Athènes, la réputation d'un homme assez spirituel. Le diable, c'est qu'il l'y a si bien laissée qu'il n'en a rien rapporté du tout ; aussi court-il risque d'acquérir en France, une réputation toute opposée.

Le Gouvernement, par la bouche de M. le ministre de l'instruction publique, a manifesté l'intention de faire de nous tous des Grecs. Quelques journaux s'en indignent. N'est-il pas tout naturel que le pouvoir veuille façonner la Nation à son image?

Tous d'accord sur la nécessité d'Helléniser la France, nos maîtres différeraient entre eux sur quelques points de détails. M. Gambetta penche pour la République athénienne ; que ne parle-t-il pas tout de suite de la République spartiate? De sa part, ce serait beaucoup plus divertissant. Quant à M. Jules Ferry, quelques malins le soupçonnent d'incliner plutôt vers la République béotienne et, si jamais elle s'implante en France, il aura la gloire incontestée d'en être un des principaux fondateurs. Reste enfin la République des Ilotes. C'est le régime réservé aux réactionnaires, conservateurs, jésuites, et autre mauvais citoyens qui ne veulent pas se laisser gréciser.

*
* *

M. Gambetta passe aujourd'hui plus que jamais pour faire la pluie et le beau temps. Si la chose est vraie, M. Gambetta est bien coupable de ne pas se décider pour le beau temps, car les blés n'attendent que lui pour tomber sous la faucille.

19 août 1879.

M. Paul Bert a déclaré, du haut de la tribune que, si une seule des citations par lui faites, d'après les livres des Pères Jésuites, était reconnue fausse, il consentait à passer pour calomniateur. Après un examen minutieux et approfondi, le célèbre physiologiste aurait eu la douleur de s'apercevoir de quelques erreurs par lui commises. Il en éprouve assure-t-on de si vifs regrets qu'il songerait non-seulement à donner sa démission de député, mais encore à se retirer chez les Chartreux, ordre contemplatif, comme l'on sait, et voué à un éternel silence. C'est bien, à notre avis, ce qu'il a de mieux à faire.

*
* *

On continue à s'étonner de la situation faite aux actionnaires du Crédit mobilier. Impossible de ne pas voir en tout ce qui s'est passé, le résultat de quelque grande combinaison politique ; si l'on étrille ainsi les *actionnaires*, ce ne peut être évidemment que dans le but de diminuer d'autant le nombre des *réactionnai-*

res. Un tel mode de procéder fait le plus grand honneur aux directeurs de l'établissement en question.

* * *

Une affaire assez drôle aurait, paraît-il, été portée devant le juge de paix d'un canton voisin de notre département. Deux cultivateurs se présentèrent à lui. L'un d'eux se plaignait que son voisin l'eût traité de *républicain*. En vain, le digne magistrat essayait-il de le calmer, lui expliquant qu'après tout, il n'y avait pas là d'injure et qu'on peut, à la rigueur, être républicain et fort honnête homme.

« Vous pouvez bien, monsieur le juge, arranger les affaires à votre façon, répétait le plaignant, bien sûr qu'on ne dit pas de ces choses-là à un homme, quand on veut lui faire plaisir. Pour moi, j'aimerais mieux être traité de n'importe quoi que d'être appelé républicain. »

Il n'y a pas eu moyen de le faire sortir de là.

* * *

M. le commandant Cazeneuve, ce digne émule des Bosco et des Robert-Houdin, poursuit le cours de ses curieuses expériences : Il espère établir l'existence du *vide absolu* dans la nature, que contestent plusieurs physiciens de l'ancienne école. Ayant l'intention de faire un tour de France, M. Cazeneuve choisira, dit-on, de préférence, plusieurs préfectures comme théâtre de ses démonstrations.

On a été frappé depuis quelque temps de l'aspect morne et désolé qu'offrent les préfectures. Cela ne peut tenir qu'à l'insuffisance du mobilier. Aussi serait-il question d'augmenter les frais nécessaires pour rendre à ces immeubles leur physionomie primitive.

*
* *

Les républicains continuent à en vouloir à mort au cléricalisme et, d'un autre côté, un peuple ne peut guère vivre sans religion. Pourquoi n'en inventerait-on pas une nouvelle qui prendrait le nom de *religion anti-cléricale* ? Ce ne serait que la mise en pratique du projet attribué à feu Cousin. « Une partie des Français, disait-il, entend supprimer toute religion, l'autre veut garder celle qu'elle a déjà. Que l'on adopte la mienne, à moi, qui n'en est pas une ! Cela mettra tout le monde d'accord. »

Le R. P. Loyson pourrait être nommé pape de l'Eglise à fonder. Par exemple, nul ne serait tenu de le croire infaillible. C'est peut-être, de tout le nouveau symbole, le seul article qui soit assuré de ne pas rencontrer d'incrédules.

Les principaux reproches adressés aux catholiques ayant pour cause leur soumission à un chef étranger et leur éloignement pour les principes de la société moderne, le bon Dieu lui-même, avant d'être reconnu en cette qualité par l'église nouvelle, serait sommé de se faire naturaliser Français et de publier son adhésion aux idées de 89. Ces formalités accomplies, on le choisirait à l'élection pour un temps déterminé, on lui ferait, par exemple, faire un septennat, sauf à ne pas le réélire, cette période révolue, si l'on n'était pas content de ses services.

*
* *

On nous parle de certains fonctionnaires de divers départements qui auraient été changés plus de trois fois de résidence en trois mois. Evidemment le gouvernement républicain a du goût pour l'état nomade et il envoie volontiers promener ses agents en attendant que le public l'envoie lui-même promener à son tour.

26 août 1879.

Cette fois-ci, si vous le voulez-bien, ami lecteur, nous allons le prendre sur un ton plus sérieux.

Le *Figaro* nous apprenait, il y a une quinzaine de jours environ, l'achat fait par M. Gambetta, d'un crû célèbre dans le Bordelais, sur la mise à prix de 175,000 francs, si nous avons bonne mémoire. Je ne sache pas que la chose ait été démentie.

M. Gambetta n'a, ne peut avoir comme ressources que son traitement de président de la Chambre, de 100,000 francs au plus. Il a cessé, croyons-nous, d'être directeur de la *République française*. Pour être large, supposons qu'il continue à l'être. Mettons que cela lui rapporte 50,000 francs. Nous sommes sûr de nous montrer généreux dans notre estimation.

Voilà toute sa fortune, nous ne dirons pas seulement connue, mais admissible. S'il y a joint quelque chose de son crû, ce ne sont sans doute ni des capitaux ni des immeubles.

Là-dessus il faut vivre, mener son petit train de maison, entretenir son hôtel. et.... avoir poste et relais, et donner des fêtes dont les frais sont estimés à 50,000 francs au bas mot.

Puisqu'avec cela M. le président de la Chambre trouve moyen de mettre encore de l'argent de côté pour l'achat d'immeubles, nous le proclamons beaucoup plus fort que le sous-lieutenant de la *Dame blanche*, lequel payait un château sur ses économies.

Le même *Figaro* racontait, quelque temps auparavant, un trait emprunté à l'histoire des Grecs, celui d'un nommé Antipater, fonctionnaire de la République athénienne, qui aurait pris une somme de 15,000 drachmes sur les fonds secrets pour solder les frais d'ameublement d'une petite dame à laquelle il voulait du bien. Comment se fait-il que l'article où ces belles choses étaient racontées n'ait soulevé aucune protestation? Croyons que ledit Antipater n'a laissé en France aucun héritier de son nom.

Nous avons vu un ministre de la République attaqué dans son honneur, de la façon la plus grave par une feuille radicale, se hâter, non pas de poursuivre le journal, mais de résigner son portefeuille.

L'on aurait été bien aise, enfin, que M. le ministre des finances eût répondu autrement qu'en faisant le mort aux plaisanteries incessantes de bon nombre de publicistes sur ce que l'on appelait sa *conversion*.

Bref, de tous les personnages qui nous gouvernent, il en est bien peu qui ne se soient trouvés en butte à ces attaques qu'un homme un peu susceptible supporte dificilement et cependant, nous les avons vus persévérer dans leur inexplicable mutisme.

A coup sûr, nous ne nous permettrions pas de supposer que si ces messieurs ne se défendent pas davantage, c'est qu'ils se sentent incapables de le faire, et cela pour des motifs qui se devinent sans qu'on les explique.

Non, en vérité, nous ne pousserons point l'horreur à ce point. N'est-ce pas le propre des belles âmes, fortes d'ailleurs du témoignage de leur conscience, de mépriser les outrages et de dédaigner les insinuations malveillantes?

Par malheur, il faut, surtout en République, tenir grand compte de l'opinion de la majorité, et si les messieurs sus-nommés font preuve d'une rare longanimité, ils commettent, en même temps, une lourde faute, au point de vue gouvernemental. Le public a sa logique, qui, pour ne pas se conformer toujours aux règles posées par Aristote, n'en reste pas moins irrésistible. Il n'aime pas que l'on pousse l'impassibilité et l'oubli des injures, audelà d'une certaine limite. Un officier aurait beau être le plus vertueux des hommes, s'il se laisse souffleter sans protestation, ses collègues jugeront nécessairement qu'il est non pas un saint pratiquant l'humilité chrétienne, mais bien le dernier des lâches. De même, qu'un homme d'Etat tolère des insinuations entachant sa probité, la plupart des citoyens en concluront qu'ils ont affaire non à un stoïcien, mais à un... etc. Lorsque M. Guizot s'écriait du haut de la tribune : « Entassez contre moi calomnies sur calomnies, vous ne les élèverez jamais à la hauteur de mes dédains, » il savait bien qu'on ne l'attaquait qu'au point de vue politique. Si son honneur personnel avait été mis en question, certes, l'on eût estimé sa réponse plus qu'insuffisante et après l'avoir faite, il ne s'en fût pas moins, sans doute, trouvé contraint de quitter le ministère.

Le gros de la nation ne verra que deux choses : d'abord que les chefs du gouvernement républicain se laissent impunément traiter d'une façon bien peu flatteuse pour leur amour-propre, ensuite que leur amis, les feuilles à eux dévouées ayant l'air de trouver cela tout naturel, ne cessent pas néanmoins, pour si peu de chose, de les soutenir et n'insistent nullement afin que la lumière se fasse. Il en inférera forcément : 1° Que les sommités du parti de la République sont des gens trop habiles cherchant, par les moyens les plus subtils, à faire leurs affaires aux dépens du public; 2° Que leurs partisans ne valent guère mieux, puisqu'ils consentent si volontiers à se faire leurs avocats, presque leurs complices.

Je ne prétends pas, notez le bien, ami lecteur, que cette façon de raisonner soit juste; je dis seulement que ce sera, à coup sûr, celle de la majorité de mes compatriotes, et pour le contester, il ne faudrait avoir aucune notion de ce qui se passe dans la réalité.

J'ajoute qu'un gouvernement qui laisse s'accréditer une pareille manière de voir sur son compte n'en a pas pour longtemps à vivre. Quelque facile à entraîner que se soit parfois montrée l'opinion publique, il y a certaines choses qu'on ne lui fera jamais accepter, si ce n'est, tout au plus, dans certains quartiers des grandes villes qui ne brillent pas par une moralité exceptionnelle. La France a bien pu subir quelque temps le régime de la terreur par ce que ses chefs, dévorés d'une ambition qui étouffait en eux toute autre passion, fesait un peu figure de gens austères, dont on vantait l'incorruptibilité! Si l'on n'avait vu en eux que de vulgaires brasseurs d'affaires, on ne les eût pas gardés une semaine.

Il est donc clair que par, leur attitude trop humble, nos maîtres de ce jour compromettent non-seulement leur dignité, mais encore et surtout, le régime de leur choix. Allons donc, Messieurs, un peu moins de patience, s'il vous plaît; et songez enfin à vous défendre; sans cela, la République se trouve menacée de sombrer d'ici peu, sous une explosion du mépris public, et vraiment, ce serait dommage. Pour notre part, nous nous en sentirions tout à fait inconsolables.

2 septembre 1879.

Qui donc avait prétendu que M. Waddington, écœuré de la politique, peu satisfait de ses collègues, songeait à déposer son portefeuille? Il devait, disait-on, ne plus s'occuper que de ses chères études de numismatique et d'archéologie. Dorénavent, en fait de républicains, son excellence n'admirerait plus que ceux de l'antiquité.

Le dernier discours de M. le ministre démontre, à quel point, ces bruits étaient peu fondés.

Il respire le contentement de soi-même et cette conviction qu'un gouvernement dont M. Waddington fait l'ornement, ne peut manquer d'être excellent.

Nous serions, pour notre part, moins exclusif et concevons fort bien qu'un cabinet puisse avoir l'honneur de compter dans son sein, un homme aussi distingué que M. le président du Conseil, sans cesser pour cela d'être passablement ridicule.

*
* *

M. Paul Bert vient de porter un toast à la destruction de tous les Phylloxeras. N'en aurait-il pas oublié quelques uns, et non des moindres, dans son énumération. Pour notre part, nous associant à son vœu dans la mesure du juste et du raisonnable, nous boirions assez volontiers à la destruction du Phylloxera opportuniste, sans compter le Phylloxera républicain.

*
* *

Le Pouvoir témoigne bien de l'acrimonie à l'égard des catholiques. D'un autre côté, sa conduite vis-à-vis des ultra radicaux n'est point exempte d'une certaine rouerie. Les hommes qui président à nos destinées montrent-ils plus de finesse que d'aigreur? Sont-ils, au contraire, plus *aigres* que *fins?* Question délicate et que nous n'entreprendrons pas de résoudre.

*
* *

M. le Président de la Chambre a dû écrire, ces jours derniers, à M. Kokkinos (d'Athènes), pour le remercier du diplôme de docteur en philosophie que ce dernier lui a remis de la part de l'Université de Grèce. M. Kokkinos se montrerait tout fier de la missive qu'il a reçue de la part de son ami Gambetta *(tou philou Gambetta).* « Quel homme, dit-il, et comme il manie « notre langue! Ne dirait-on pas un Hellène pur sang? « Ma foi, s'il n'est pas Grec d'origine, j'estime qu'il « serait on ne peut plus digne de l'être. »

*
* *

Phénomène bizarre! Plus on voit le parti républicain *prendre*, et moins la République se consolide.

*
* *

N'avait-on pas osé soutenir que les républicains n'étaient pas des hommes d'affaires? Et cependant qui est plus fort qu'eux pour faire leurs affaires propres?

*
* *

L'on disait autrefois de la révolution que, comme Saturne, elle dévorait ses enfants. Aujourd'hui, elle les enrichit. Que l'on conteste après cela que nous ne soyons dans une ère de progès.

*
* *

Quelques-uns de nos gouvernants entendent nous doter de la République *aimable*, d'autres la préfèrent *redoutable*. Personne, jusqu'à présent, n'a songé à nous parler de la République *estimable*. Est-ce qu'on la jugerait impossible à réaliser? Au reste, que l'on essaie tout ce qu'on voudra; on pourra nous faire prendre la République au tragique, le difficile sera de la faire prendre au sérieux.

*
* *

L'on a parfois comparé l'époque actuelle à celle du

Directoire. Je ne nie pas qu'il n'y ait entr'elles quelques traits de ressemblance, mais somme toute, le rapprochement ne me semble pas flatteur... pour le Directoire. L'on retrouvait chez les personnages publics d'alors une élégance de manières, un certain vernis de bonne société que les habitués du café Procope pourront singer, mais non imiter.

*
* *

Lorsque je me reporte par l'esprit à l'affaire Teste et Despans-Cubière et à ce ministère renversé pour une malheureuse somme de 80,000 francs, dont l'emploi n'a jamais été tiré au clair, c'est alors que je m'aperçois que le temps a marché. Quelle candeur, quelle naïveté chez les générations de ces âges reculés! En tout cas, nous croyons un ministre aujourd'hui plus difficile à démolir qu'il ne l'était alors.

*
* *

Je ne sais qui a défini le régime du 16 Mai « le gouvernement des curés » par opposition à celui d'à présent qui est « le gouvernement de la curée? »

*
* *

Mme de Girardin définissait ainsi les républicains de son temps « des Brutus qui conspirent contre Tarquin, non pour venger Lucrèce, mais pour la lui souffler. » Ceci bien entendu s'applique exclusivement aux républicains d'autrefois ; si elle avait connu ceux d'aujourd'hui, je me demande avec un vif sentiment de curiosité, ce que la bonne dame aurait pu en dire !

*
* *

Calino chargé d'un cours d'économie politique débute ainsi : « Le gouvernement se préoccupe à bon droit de la stagnation des affaires et des souffrances de la population. Pour lui le problème à résoudre se résume ainsi : protéger l'agriculture et l'industrie, tout en ayant soin de ne leur accorder aucune protection. »

*
* *

Les électeurs lyonnais se montrent toujours aussi coiffés de M. Bonnet-Duverdier et comptent le renommer à la prochaine occasion. Ils ne craignent de leur mandataire aucun abus de confiance... sous le rapport politique, bien entendu.

*
* *

On prête le mot suivant à M. de Cassagnac ; mot prononcé à l'occasion de son dernier procès : « M. Gambetta et ses amis veulent me contraindre à m'humilier devant eux. Les malheureux ! Ils oublient qu'il n'y a qu'en Chine qu'on se prosterne devant les magots ! »

*
* *

Nous ferons toujours les vœux les plus ardents pour la continuation du beau temps et de la République.

6 septembre 1879.

Lorsqu'un dix-cors se sent pressé de trop près par les chiens, il s'efforce de rencontrer quelque jeune cerf qu'il oblige à fuir devant lui. Le rusé compère compte bien, par ce stratagème, dépister la meute et la lancer sur les traces de son remplaçant. C'est un peu la tactique que paraît avoir adoptée le gouvernement. Il s'est dit : « On nous assassine de questions indiscrètes, on nous turlupine chaque jour sur notre gestion financière ou autre. Il est temps de rompre les chiens, c'est-à-dire de blaguer les électeurs. Si l'on nous accuse d'être plus sujets à débiter des contes qu'à rendre les nôtres, nous répondrons : Le cléricalisme, voilà l'ennemi. Si l'on nous reproche d'administrer comme des ganaches, nous ajouterons que les jésuites constituent le vrai péril social. Le public n'y verra que du feu, et vive le suffrage universel ! Ce que c'est pourtant que de bien connaître la naïveté de ses concitoyens ; mais quand on a affaire à des dupes d'aussi bonne volonté, il est bien permis d'en abuser un peu. »

Malheureusement le truc a tellement servi qu'il commence à être légèrement usé, et il pourrait advenir que les électeurs finissent par deviner que l'on se moque d'eux. Les plus modérés parmi les républicains se sentent écœurés de l'acrimonie déployée contre le cléricalisme. Quant aux autres, ce n'est plus en criant « au jésuite » qu'on les empêchera de voter pour Blanqui et de faire une guerre à mort à l'opportunisme.

Le pouvoir suit exactement les errements des anciens Girondins, et on sait combien cela leur a réussi. Ils avaient tout accordé aux Jacobins, même la tête de Louis XVI, et ce n'est que lorsqu'on a exigé la leur qu'ils ont commencé à trouver la demande inopportune. Mais on ne réclame guère des gens une chose pareille que lorsqu'on sait qu'ils ne peuvent la refuser.

Que nos gouvernants y prennent donc garde. S'il ne s'agissait que de leurs personnes, bon nombre de citoyens en prendraient assez philosophiquement leur parti, vu la satisfaction qu'ils éprouveraient à être débarrassés d'eux ; mais il y va de l'avenir de la France, ce qui nous semble autrement grave.

*
* *

Au dire de plusieurs habitants de Mortagne, un rouge de l'arrondissement aurait *avoué* avoir reçu une fameuse pile de la part d'un mari peu complaisant. Suivant d'autres, il ne s'agirait que d'une simple tripotée.

Tous nos compliments de condoléance à l'intéressante victime. Une volée de bois vert, comme le dit Barbe-Bleue :

C'est un coup bien rude,
Bien rude à recevoir,
Malgré l'habitude
Que l'on en peut avoir.

*
* *

Une innovation musicale de la plus haute importance vient d'être tentée aux courses de Mortagne; l'application de la méthode homœopathique au chant de la *Marseillaise*. L'orchestre l'a servie à dose infinitésimale. C'est-à-dire qu'après le refrain « Contre nous de la tyrannie, etc. », arrivait une espèce de pot-pourri renfermant quelques motifs du *Chant du Départ*. L'hymne national est, paraît-il, comme le petit bleu. Absorbé pur, il grise et porte trop à la tête. Rien, au contraire, de plus hygiénique, lorsqu'il est sagement coupé et réduit à l'état d'*abondance*. Pendant qu'on y était, pourquoi n'avoir pas intercalé aussi des bribes du *Beau Dunois*, de la *Parisienne* et de *Vive Henri IV* ? De la sorte, il y en aurait eu pour tous les goûts.

*
* *

Qui donc a osé prétendre que la République ruinait tout le monde? C'est une indigne calomnie. Nous connaissons des gens qu'elle a enrichis. Le public, peut-être, a été un peu tondu. Mais est-ce que le public compte par ce temps de suffrage universel ?

*
* *

M. Thiers prétendait que la République devait infailliblement périr dans le sang *ou* l'imbécillité. Quelle inexactitude! ce n'est pas *ou*, mais *et* qu'il fallait dire.

16 septembre 1879.

Vaguement prévenu, du fond de son obscur cachot, des succès obtenus par les revenants de Nouméa, le légendaire Jean Hiroux songerait, dit-on, à se recommander à la bienveillance de ses coreligionnaires politiques. Voici copie de la lettre que cette intéressante victime des fureurs conservatrices aurait écrite au président du tribunal qui l'a condamné :

« Citoyen président,

« Enfin, les braves citoyens de la Commune viennent d'être rendus au ciel de la Patrie. On les a non-seulement amnistiés, mais encore choyés, fêtés, dorlotés comme ils le méritent, en attendant qu'ils recommencent ou qu'on les nomme tous sénateurs, députés, président de la République. Moi, voilà six mois que je suis enfermé comme un caniche dans son chenil et on ne parle seulement pas de me relâcher. Parole d'honneur, c'est dégoûtant ! Où est l'égalité, alors ? Et dire que nous sommes en République !

« Vous me répondrez peut-être, citoyen président, que je n'en ai pas autant fait que ces honorables républicains, et que, par suite, je n'ai pas droit aux mêmes faveurs.

« C'est vrai, mon président, j'en conviens à ma honte, je n'ai pas, comme ces grands hommes, eu l'honneur de flamber finances, de pétroler Paris, de fusiller les otages. Ce n'est pas ma faute, mon président, je vous jure. Et puis, il faut bien se faire une raison et ne demander aux gens que ce qui est dans leurs petits moyens. D'ailleurs, je ne suis pas un *feignant* et n'ai pas trop mal besogné non plus. Nous avons mis le feu à un presbytère et assassiné notre curé, histoire de le voler, tout cela par rapport à nos opinions politiques, et attendu que c'était ma manière, à moi, d'appliquer les lois Ferry.

« C'est quelque chose, cela, j'espère. Si je n'ai pas fait plus, c'est que je n'ai pas pu et je ne demande qu'à mieux agir à l'avenir. Relâchez-moi seulement une semaine ou deux et vous m'en direz des nouvelles. Tenez, si dans huit jours on trouve que je n'ai pas assez travaillé, alors je consens à ce que vous me fassiez faire dix ans de Nouméa comme conservateur.

« Et puis, je ne suis pas un ambitieux, moi. Fonctions, honneurs, traitements, je laisse tout cela aux bons zigues de la Commune. Il faut bien que chacun soit payé en raison de l'ouvrage fait. Je ne demande, moi, que ma liberté et le droit d'exploiter un peu ces coquins de capitalistes et autres réactionnaires. On ne peut accorder moins à un pur comme votre serviteur. Si, après cela, on veut bien y ajouter une petite place de sergent de ville, gendarme ou garde-champêtre, avec une légère indemnité pour frais de logement, ma foi je ne dirai pas non.

« Si c'était un effet de votre obligeance, citoyen-président, ne pourriez-vous pas arranger les choses de manière à ce que j'en appelle de ma condamnation au Conseil d'Etat? Il paraît qu'on vient d'en chasser tous les vieux qui étaient des réactionnaires pour mettre à leur place de vrais amis du peuple.

J'ai précisément parmi ceux-là, un ancien intime à moi. Nous avons rigolé ensemble et il ne refuserait pas de me donner un coup de main au besoin.

« Allons, mon président, un peu de complaisance. Je ne suis pas ingrat et je vous revaudrai ça à l'occasion. Moi, d'abord, foi d'honnête communard, je vous promets ma protection pour quand nous aurons la vraie République des Républicains. Si vous n'êtes pas gentil, prenez garde à vous, mon président, je ne vous dis que çà. Je trouverai bien moyen de conter au journal rouge de l'arrondissement que vous êtes un réactionnaire, un mauvais citoyen. J'en parlerai aussi à mon député et ils exigeront votre destitution. Ensuite, on vous fera votre petite affaire un peu mieux que cela, lors du prochain changement de Gouvernement, ce qui ne sera pas long.

« Signé : JEAN HIROUX,

« *martyr de la République.* »

Pour copie conforme : ALIQUIS.

*
* *

Notre dernier article relatif à la bastonnade dont aurait été gratifié un rouge de l'arrondissement de Mortagne nous vaut une demande de rectification. Malgré tous nos efforts, nous n'avons pu parvenir à savoir ce que veut le réclamant.

Nous reproche-t-il d'avoir parlé de *raclée*? On ne peut donc entamer ce sujet de conversation qu'il ne prenne cela pour une affaire personnelle? Nous ne le savions pas si au courant de tous les coups de trique qui se distribuent dans la contrée. Ne dirait-on pas que c'est un besoin pour lui d'en recevoir une volée de temps en temps et qu'il se croit frustré lorsqu'elle s'adresse à d'autres?

Notre contradicteur estime-t-il le mari donateur plus complaisant que nous ne disons? Mon Dieu, nous n'irons pas le contrarier pour si peu. Mettons qu'il s'est montré non-seulement complaisant, mais libéral et même aussi généreux qu'on voudra.

Est-ce sur la question d'aveu que l'on nous chicane? Croyons que le châtiment n'est pas avoué par la victime.

Serait-ce enfin le bois vert qui chiffonne notre interlocuteur? Est-ce que l'habitude ou une longue expérience lui feraient trouver une volée de bois sec plus agréable à recevoir?

*
* *

Le Gouvernement républicain se préoccupe sérieusement de la crise agricole. Ce qui vient de se passer à Mortagne le prouve bien. Il s'agit, avant tout, de républicaniser l'agriculture. C'est là ce qui fera pousser les pommes de terre et nous donnera le pain à bon marché. Que la République s'en tienne donc à l'élève des canards et à l'exploitation des dindons! C'est encore ce qui lui réussit le mieux.

*
* *

Quelques théologiens de la secte des *Shakers* ou *trembleurs* ont entrepris le voyage de New-York à

Paris, pour y prêcher leur foi. Ils espèrent convertir facilement un grand nombre de nos gouvernants.

*
* *

On parle d'un nouveau buste de la République qu'il s'agirait de couler prochainement en bronze, pour l'ornement d'une des places publiques de Paris. Pourvu que la République soit coulée le plus tôt possible, que nous importe la substance ?

*
* *

Le tribunal de la Seine se trouvera, à ce que l'on affirme, saisi sous peu, d'une grave affaire. Il s'agit d'un faux dans les actes de l'état civil. M. Jules Favre parlera, dit-on, pour l'accusé. N'est-ce pas l'avocat le plus expert que nous ayons, sur la matière.

*
* *

La *République française* tend, à la dérobée, une main aux bonapartistes, tout en craignant, ajoute-t-elle, qu'ils ne se montrent pas animés des mêmes sentiments d'*abnégation* et de *désintéressement* que les républicains.

*
* *

La *Liberté*, tout en louant les communards de leur patriotisme, le juge plus ardent qu'éclairé, et elle se propose de leur fournir là-dessus de bons conseils.

Nous reconnaissons la *Liberté* aussi digne de donner des leçons de patriotisme que les amnistiés capables d'en profiter.

*
* *

Depuis quelque temps, on cherche beaucoup Jésus-Christ au bureau des *Débats*, et, chose étrange on ne parvient pas à l'y rencontrer. M. John Lemoine le déclare perdu au milieu du tas de pélérinages qui surgissent de toutes parts. Qu'est-ce que M. Lemoine peut bien vouloir à Notre Seigneur? Serait-il menacé d'être crucifié à ses côtés?

*
* *

Une feuille départementale répartit les hommes politiques en deux grandes catégories, les chenilles qui s'élèvent *en rampant* et les oiseaux *en volant*. Elle range, sans façon, tous nos personnages du jour parmi les chenilles. Quelle injustice, quelle calomnie à l'égard de ces *pauvres* républicains! Ils ont pu *ramper* quelquefois. Cela les a-t-il jamais empêchés de *voler à l'occasion?* Les chefs du parti auraient même quelque droit, ce semble, à être rangés parmi ces espèces de volatiles que les fauconniers appellent de *haut* ou de *grand vol.*

20 septembre 1879.

Le *Bonhomme normand* qui n'est pas du tout un faux bonhomme, fait entendre à ses lecteurs qu'avant 89, le simple délit de braconnage était parfois puni de mort. Vous avez grandement raison, ô *Bonhomme* de compter de pareilles bourdes à votre public, puisqu'il est assez naïf pour vous croire. Cela nous remet en mémoire, les vers de Boileau, à propos des romans de Scudéry :

> Ils trouveront toujours, quoiqu'on en puisse dire
> Des marchands pour les vendre et des sots pour les lire.

Vous auriez pu ajouter, ô *Bonhomme*, que dans cette affreuse époque de l'ancien régime, le budget de l'Etat n'était pas de 900 millions, tandis qu'aujourd'hui, il dépasse 3 milliards.

Il est vrai que si l'on était assez infortuné pour payer beaucoup moins au Gouvernement; l'on avait en outre, le malheur effroyable de se trouver presque complétement exempt du plus lourd de tous les impôts, je veux dire celui du sang. L'armée à peu près exclusivement composée de volontaires, ne montait en 89 qu'à 120,000 hommes, marine comprise. Encore, ce réactionnaire de Montesquieu trouverait-il l'état militaire de l'Europe bien exagéré. A l'heure qu'il est, nous avons au moins 1200 mille hommes sous les armes, et chaque citoyen se trouve obligé de passer sous les drapeaux quatre des meilleures années de sa vie. Avant l'époque de son affranchissement, il les eût passées chez lui, à travailler pour lui-même et pour sa famille.

Les corvées de l'ancien temps n'étaient certes pas plus lourdes que ne le sont les prestations actuelles. Il est vrai qu'on les a changées de nom, ce qui constitue une immense amélioration.

Enfin, ce qui achève de démontrer la profonde détresse de nos aïeux, c'est que depuis la fin du règne de Louis XV jusqu'à celle du XVIIIe siècle, la population avait augmenté de 5 millions d'hommes, c'est-à-dire de près du quart, tandis qu'à l'heure présente, elle reste, pour ainsi dire, stationnaire.

Maintenant, nous ne disconvenons pas que les pénalités contre le braconnage, ainsi que, que du reste, presque toutes les peines de cette époque n'offraient un caractère d'excessive rigueur. Il fallut que Louis XVI, plusieurs années avant la Révolution, et de son propre mouvement, abolît la question. Nous poserons cette simple question au *Bonhomme normand* : N'y aurait-il pas pour une nation, des malheurs beaucoup plus redoutables que l'existence de lois trop sévères sur la chasse, par exemple le malheur d'être gouvernée par de malhonnêtes gens ?

O lecteurs des feuilles radicales, vous ne vous doutez guère à quel point vos journaux se moquent de vous.

*
* *

Il n'est bruit que du jugement du tribunal d'Argentan contre le curé de Faveroles. Nous avons été plus d'une fois, vraiment navrés, de la facon irrévérencieuse dont en parlent certains réactionnaires. Aussi, ne suivrons-nous-pas leur détestable exemple. En attendant que les considérants en aient été livrés à la publicité, nous n'examinerons ledit jugement que pour le mieux admirer.

Vingt-six témoins qui ne mettaient guère les pieds à l'église, qui n'étaient pas d'accord entre eux et se sont coupés plus d'une fois, affirmaient avoir entendu M. le curé prononcer en chaire les paroles incriminées. Quarante autres, au contraire, plus assidus aux offices, déclaraient n'avoir rien entendu du tout.

Tout le public y était trompé et aurait juré de l'innocence de M. le curé. Heureusement, le tribunal dans sa sagesse a reconnu l'erreur. Il s'est aperçu que les témoins à décharge ne s'étaient mis d'accord que pour mieux cacher la vérité, à moins qu'ils n'eussent tous l'oreille dure, ce qui serait encore fort possible. Là-dessus, il a condamné M. le curé à 15 jours de prison.

Voilà un ecclésiastique cruellement flétri, et dorénavant, il n'osera sans doute plus lever les yeux en présenre d'un honnête républicain. Et dire qu'un si beau jugement pourrait bien être cassé !

Une chanson proclame : « Qu'on est fier d'être français, quand on regarde la Colonne », nous le sommes pour notre part, tout autant, lorsque nous considérons le jugement du tribunal d'Argentan. Espérons que l'on n'en restera pas là. Il s'agit de défendre la Société contre les empiétements du cléricalisme et de la République, n'est-ce pas comme ces femmes légères qui tiennent surtout à ce qu'on leur manque de respect. Déjà une feuille veut que l'on déclare coupables de tentative d'homicide, les aumôniers qui, dans les hopitaux, osent parler religion aux malades. Moi, je demande qu'un curé faisant le catéchisme ne puisse citer le commandement :

« Le bien d'autrui ne prendras,
« Ni retiendras à ton escient ! »

qu'on ne le poursuive sous l'inculpation d'outrages envers le Gouvernement.

*
* *

M. le maire de Ceton vient d'être nommé correspondant du Crédit Foncier pour les départements de l'Orne et de l'Eure-et-Loir. C'est très-bien fait. La nouvelle pourra contrarier les réactionnaires, qui s'étaient permis de faire sur le nom de cet honorable conseiller un affreux calembourg, indigne d'être reporté ici. Ce sera absolument comme s'ils chantaient. Le nouvel élu apportera dans ses fonctions cette supériorité de lumières, cette connaissance approfondie des affaires que tout le monde s'accorde à lui reconnaître. N'est-ce pas un spectacle consolant, réjouissant même, de voir les places ainsi confiées à des hommes que leurs études spéciales ont rendu si particulièrement aptes à les remplir ?

*
* *

Nous ne doutons pas que l'honorable conseiller de Rémalard ne se trouve prochainement appelé aux fonctions politiques et administratives, pour lesquelles on lui juge le plus d'aptitude. Malheureueement, on n'a pas encore pu nous dire lesquelles.

*
* *

Plusieurs députés se rendant en Algérie, par suite de l'invitation de M. le gouverneur Grévy, paieront demi-place sur les chemins de fer français et ils auront transport gratuit sur ceux de notre colonie. Si les honorables voulaient bien promettre de ne jamais revenir, nous ne trouverions pas la charge trop lourde pour le budget.

*
* *

On rapporte que le feld-maréchal Schwartzenberg, recevant, en 1848, une députation d'insurgés de Francfort, qui s'intitulaient « délégués de la nation, » répondit à leur pathos par ces simples paroles, peu parlementaires, mais empreintes d'une véritable énergie soldatesque : « Vous, les délégués de la nation ! Allons donc, vous êtes un tas de canailles et je vais joliment vous sabrer. » Ce n'est pas notre ministre de la guerre qui se permettrait de parler ainsi... du moins aux revenants de Nouméa ; il est beaucoup trop bien élevé pour cela. Nous sommes fiers de voir nos militaires enfoncer ainsi ceux de l'Allemagne, sous le rapport des belles manières.

* * *

Un sieur Guénot, maire de je ne sais plus quelle commune, a, dans un discours du comice agricole, vanté l'efficacité des engrais et de la liberté républicaine pour faire prospérer l'agriculture. Quelque comparaison que l'on puisse établir d'ailleurs entre le guano et la République, il y a entre eux une notable différence. « Le guano engraisse les terres et la République ne fait engraisser que les opportunistes. »

* * *

On parle d'une pétition que signeraient tous les incendiaires de France. Ils réclameraient leur mise en liberté immédiate, plus une indemnitié pécuniaire s'autorisant de l'accueil fait aux communards.

* * *

On se demande pourquoi le Gouvernement ne créërait point une médaille à l'usage des amnistiés? Sous le nom de médaille de la nouvelle-Calédonie, elle ferait avantageusement concurrence aux médailles de Crimée et du Mexique. Serait-elle civile ou militaire? Nous espérons, en tout cas, qu'elle donnerait droit à une pension.

*
* *

Le bruit de la destitution de M. Duhamel ne se confirme pas. Il paraît que S. Ex. M. le président a toujours autant besoin de ses services. Après cela, que l'honorable sous-secrétaire d'Etat reste ou non en place, il n'en demeurera pas moins tout à la disposition du public.

*
* *

Les habitants de Constantinople continuent, paraît-il, à crier beaucoup contre les dilapidations financières de la Porte. « C'est étonnant, dit le Sultan, combien mes sujets sont moins gentils que les *giaours* du pays de France! Décidément, pour faire cesser leurs clabauderies, il faudra que je me fasse nommer président de la prochaine Assemblée nationale turque.

2 octobre 1879.

Mauvais symptôme pour la République ! Déjà, dit-on, un certain nombre de ses fonctionnaires font des avances aux hommes des anciens partis. Ils sentent, pour nous servir d'une expression vulgaire, que le gouvernement de leurs rêves commence à se détraquer et entendent se ménager une porte de rentrée pour plus tard. Ainsi les rats, mus par un instinct infaillible, se hâtent d'abandonner l'immeuble qui menace ruine.

Ce n'est pas tout à fait l'exemple suivi jadis par le parti royaliste. Sans doute il s'y rencontrait, comme au sein de tous les partis, un certain nombre de faiseurs plus soucieux de leurs intérêts personnels que du bien de la cause ; mais on y comptait également, Dieu merci, bon nombre de serviteurs dévoués, qui ne craignirent pas d'abondonner places et traitements par un motif de fidélité politique. Le sacrifice était doublement méritoire chez plusieurs qui, ayant peu de ressources personnelles, se condamnaient par là même à une vie de souffrances et de privations.

Nul doute qu'une pareille façon de procéder ne semble trop réactionnaire à nos gouvernants actuels, et si jamais, par suite de n'importe quel changement de régime, on les voit rendus à la vie privée, c'est que le nouveau pouvoir n'aura pas jugé à propos d'utiliser leurs services.

*
* *

Un curé de notre département expliquait naguères à ses paroissiens pour quel motif il se croyait tenu de faire chanter à la messe le *Domine salvam fac republicam.*

« L'Eglise catholique, disait-il, n'a jamais cessé d'adresser au Ciel ses vœux en faveur des gouvernements existants, soit qu'elle vît en eux des représentants légitimes du principe d'autorité, dignes du respect et de l'affection de leurs surbonnés, soit, au contraire, qu'elle les considérât comme des fléaux envoyés par le Ciel pour le juste châtiment des crimes de la nation. Elle a tour à tour prié pour des monstres tels que Néron ; des dilapidateurs de la fortune publique comme Caligula ; de parfaits crétins tels qu'un Héliogabale. Vous voyez donc bien, mes très-chers frères, qu'à aucun titre nous ne saurions refuser nos prières à la République. »

*
* *

Dans son discours, à propos de la statue d'Arago, M. Paul Bert, tout convaincu qu'il puisse être de diffamation et de citations mensongères, n'en a pas moins protesté de sa haine contre les hypocrites. S'il déteste les tartufes à ce point, en voilà un du moins que l'on n'accusera pas d'égoisme.

*
* *

Le nouveau projet de loi sur la presse punit de peines sévères les attaques tant contre la République que contre le suffrage universel, j'avoue que ces dispositions les chiffonnent un peu. Qu'arrivera-t-il, grand Dieu ! le jour prochain peut-être, où le suffrage universel aura fini par se dégoûter de la République ? faudra-t-il mettre en prison tous les journalistes républicains aussi bien que conservateurs? On sait la façon d'agir de cet Empereur romain, condamnant à l'amende et ceux qui s'affligeaient de la mort de sa sœur, puisqu'il en avait fait une déesse, et ceux qui s'en réjouissaient, puisqu'il avait eu le malheur de la perdre.

Au reste, le caractère draconien des mesures proposées n'a rien qui nous doive surprendre. Dans ce pays-ci, la République sera éternellement condamnée à se montrer moins libérale que la Monarchie. Il faut chez les hommes qui détiennent le pouvoir, une certaine force pour affronter la liberté de la presse. Comment veut-on que nos gouvernants puissent se soutenir, si chaque jour d'indiscrets journalistes s'arrogent le droit de faire ressortir leurs fautes et leur incapacité ?

*
* *

Le bruit courait que la voiture de M. Louis Blanc

s'étant trouvée dételée, l'éminent orateur avait fait son entrée à Marseille, traîné par des ânes. C'est inexact. M. Louis Blanc a été traîné non par des bourriques, mais par des électeurs républicains du crû. Les écrivains conservateurs ont seuls pu s'y méprendre.

*
* *

On vient, paraît-il, de trouver une ancienne thèse de philosophie de M. Gambetta. Il développe cette pensée, que l'esprit humain n'est pas capable d'arriver à la certitude, parce qu'il ne saurait bien faire une enquête. Peut-être le futur président de la Chambre prévoyait-il, dès lors, qu'un jour viendrait, où on lui demanderait de rendre ses comptes.

*
* *

Il n'est bruit que de l'acquittement du nouveau *découpeur en chambre*, le nommé Billot, qui avait réduit sa femme à l'état de hachis. Décidément, feu Billoir tend à faire école. N'est-ce pas le cas de se demander avec Alphonse Karr « Pourquoi a-t-on « acquitté ? Est-ce parce que la victime était son épouse « ou parce que les morceaux étaient petits ? » Décidément, notre jury n'est pas encore de la force de celui de Russie qui, dernièrement, déclarait un prévenu *innocent, avec circonstances atténuantes*, mais il s'en rapproche.

Ce qui nous console, c'est que si ce meurtrier avait

été déféré au Conseil d'Etat, comme *coupable d'abus*, il ne s'en fût pas, sans doute, tiré à si bon compte. Allons, quoiqu'on en dise, il y a encore une justice en France.

*
* *

Les libéraux de Belgique ne montrent guère plus de logique et de loyauté que leurs confrères de notre pays. Ils ne sauraient pardonner aux cléricaux, leurs efforts pour déjouer les tentatives d'oppression dirigées contre eux. Il en est des catholiques comme de ces mauvaises têtes dont parlait Courrier, *qui ne peuvent s'empêcher de crier pendant qu'on les écorche*. Ainsi que le dit la chanson.

« Cet animal est très-méchant
« Quand on l'attaque, il se défend. »

21 octobre 1879.

Le *Bonhomme normand* dont la bonhommie, on le sait, égale la loyauté, continue à servir à son public, ses histoires de Croque-Mitaine. Il raconte doucereusement, suivant sa coutume, l'histoire du fameux *pacte de famine.* On sait ce que ce mot signifie. Les populations souffrant de la disette accusèrent plusieurs grands seigneurs de la Cour de Louis XV de s'être entendus pour accaparer les grains et prélever un riche bénéfice sur la misère de leurs compatriotes. Le *Bonhomme* ne manque pas d'accepter ce conte comme parole d'évangile et il représente le Gouvernement d'alors se faisant le complice des agioteurs, puisqu'un gentilhomme bas-normand, coupable d'avoir dénoncé cet indigne traité, aurait été, pour ce fait, enfermé à la Bastille, où il resta jusqu'en 1789. Heureusement, observe l'honnête feuille, de pareilles horreurs ne seraient plus possibles à présent.

Inutile d'ajouter que cette ridicule histoire du pacte de famine n'est aujourd'hui acceptée d'aucun écrivain sérieux, quelles que soient d'ailleurs ses opinions politiques; mais, comme l'a dit Voltaire : « Calomniez,

calomniez hardiment, il en restera toujours quelque chose. »

Quant au gentilhomme en question, si on l'a enfermé pour cause de diffamation, je n'oserais dire positivement que l'on ait eu tort, et si la Révolution de 89 l'a rendu à la liberté, ce n'est peut-être pas ce qu'elle a fait de mieux. Nous savons bien, au reste, que pareille pénalité ne serait pas applicable de nos jours. Si l'on coffrait tous les écrivassiers qui mentent et content des bourdes au public, où sont les prisons qui y pourraient suffire?

Le *Bonhomme normand* qui n'est jamais complet dans ses citations historiques, aurait bien dû dire quelques mots au sujet du maximum de 1793 et de la crise alimentaire qui l'accompagna. C'est alors, pour nous servir d'une expression un peu triviale, mais parfaitement juste, que le peuple crevait de faim par le crime de ses gouvernants. Parlerons-nous aussi de ces occapareurs du Directoire, lesquels sans être le moins du monde des gens de l'ancien régime, s'entendaient si bien à créer la disette autour d'eux. Ce ne sont pas, sans doute, non plus des seigneurs de la Cour que ces républicains du jour dont les théories absurdes auront pour résultat infaillible, si on continue à les appliquer de ruiner notre industrie, notre agriculture, et de rendre la culture du blé impossible en France.

Puis donc que l'on continue à nous rebattre les oreilles de ce fabuleux pacte de famine, nous dirons que l'ancienne France ne l'a jamais connu, ses vrais auteurs, ceux qui l'ont réellement conclu, ce sont les hommes de la Révolution. C'est un des profits les plus nets de notre affranchissement et à cet égard, comme à bien d'autres, le vieux temps valait mieux certainement que celui qui lui a succédé. Quantité de gens, sans doute, ne veulent point le reconnaître, mais il ne suffit pas qu'une sottise soit dite ou crue par une foule de naïfs, pour être transformée en vérité.

*
* *

Un député proposait, dit-on, que les églises tout en continuant à servir, le jour, aux besoins du culte, soient transformées le soir en salles de bal ou de concert.

Une feuille bien pensante se demande si ce représentant ne serait pas légèrement atteint d'aliénation mentale. Nous en doutons fort pour notre part. Il n'y a certainement pas dans un pareil homme, l'étoffe d'un fou ; celle d'un crétin, je ne dis pas.

*
* *

La *Lanterne* et la *Marseillaise* nous semblent le prendre de bien haut avec ces pauvres opportunistes. Elles les traitent sans façon, de farceurs, de tartufes politiques qui, une fois repus, se soucient fort peu des malheureux déportés de Nouméa. Mais alors pourquoi, rédacteurs des feuilles en question, ne vous intéressez-vous au sort des forçats que s'ils ont été communards? Il ne manque pas cependant, aux galères, de vertueux parricides, d'honorables incendiaires bien aussi dignes de votre sollicitude; tous, d'ailleurs, excellents républicains et qui n'auraient pas mieux demandé que de prendre part à la Commune. Mais non, il y a des préjugés à ménager, des susceptibilités que l'on a la faiblesse de ne pas savoir froisser, et pour obtenir la sympathie de ces messieurs, il faut appartenir à l'aristocratie du bagne.

Et après cela, on vient nous parler d'égalité, on se mêle de donner des leçons de moralité au monde! Ma parole, si cela ne fait pas suer! Tenez, journalistes de la *Marseillaise* et de la *Lanterne*, vous n'êtes vous-mêmes, que d'affreux blagueurs et d'abominables *aristos.*

*
* *

La ville de Coulommiers a fêté, par un beau feu d'artifice, l'arrivée de M. Ferry; il y avait, paraît-il, une pièce de circonstance.

Que représentait-elle, un 7 colossal ou bien un monsieur chargé de son portefeuille et recevant du pied quelque part? Nous ne savons, car l'on a omis de nous renseigner sur ce point.

*
* *

Quelques personnes s'effraient du retour des amnistiés craignant que, par un malheureux hasard, il ne coïncide avec une recrudescence dans le nombre des vols, assassinats et autres méfaits. Nous sommes heureux de rassurer ces citoyens honnêtes, mais timorés. Les revenants de Nouméa sont actuellement trop occupés à poser leurs candidatures partout, pour que d'ici quelque temps, le nombre des crimes éprouve une augmentation notable.

*
* *

Dans un grand dîner, donné ces jours derniers à Lauzanne, et auquel assistait M. Gambetta, la conversation est venue à tomber sur la question d'Orient. Le président de la Chambre aurait entretenu M. Spuller de l'imminence d'une guerre entre la Grèce et la Turquie. « Vous sentez, ajouta l'incomparable orateur, que la France ne pourrâ se dispenser d'y prendre part. » Quelle sollicitude à l'égard des Hellènes! ne dirait-on pas que toutes les fois qu'il sagit de l'intérêt des fils de la Grèce, nos gouvernants considèrent cela comme une affaire parsonnelle ?

14 octobre 1879.

Les feuilles radicales affectent un ton badin à l'endroit des banquets de la Saint-Michel. C'était, dit l'une d'elles, la *journée des fourchettes.* Ces plaisanteries pourraient avoir quelque sel, si de leur côté les communards n'avaient festiné à propos du retour des amnistiés. Banqueter pour banqueter, nous aimerions mieux le faire en l'honneur d'un prince qui s'est constamment montré le plus vertueux et le plus loyal des hommes qu'en l'honneur de tout ce qu'il y a de république et de républicains au monde. Après cela, nous avouons qu'à table, les gens du parti avancé l'emportent de beaucoup sur les royalistes. Ils font preuve d'une bien plus grande capacité, lorsqu'il s'agit de manger et surtout de boire. C'est un genre de supériorité, qu'à l'exclusion de tout autre, nous nous empressons de leur reconnaitre.

*
* *

On parle beaucoup d'un instituteur de Bonnétable, dont M. le curé de la localité avait longtemps sollicité le changement, mais en vain, bien entendu. Protégé contre les attaques de la réaction, jusqu'alors par la pureté et l'ardeur de ses sentiments républicains, cet honorable maître d'école était malheureusement si léger qu'il lui arriva de voler. Sans doute, il ne voyait là qu'un mode d'application de ses théories sociales et politiques. Que diable, puisque les opinions sont libres, il avait bien le droit d'être *partageux*, ce brave homme! Cette fois, on trouva qu'il dépassait un peu le degré de zèle réclamé par le gouvernement de ses agents et ce sont des républicains qui ne craignirent pas de faire destituer un homme de leur parti. C'est que nos gouvernants ne sont pas du tout des partageux. En admettant qu'ils aient pu jamais donner dans les idées des communistes, nous leur croyons d'excellentes raisons pour ne plus l'être aujourd'hui.

*
* *

Plusieurs personnages haut placés se montreraient profondément navrés des attaques dirigées contre eux tant par les feuilles de la droite que par celles de l'extrême gauche. « O Français, s'écrient-ils en chœur, que vous êtes ingrats à notre endroit! Que demandons-nous en définitive, votre bien, tout votre bien, rien que votre bien. »

*
* *

Toujours à propos des banquets, on rapporte le mot suivant de M. le président de la République : « Ma politique, à moi, ce sera de tout laisser dire, mais de ne rien laisser faire. » Cette décision déplairait, dit-on, beaucoup à M. Margue, qui aime bien à ce qu'on soit libre de dire, mais plus encore à ce qu'on ne soit pas gêné dans sa liberté de *faire*.

*
* *

On annonce la publication d'un nouveau traité sur le duel, dû à l'un de nos plus subtils théologiens. L'auteur distingue expressément deux sortes de duels, ceux où l'on courre risque de se faire du mal et qui sont défendus, et ceux qui ne présentant pas le même inconvénient, échappent aux censures de l'Église. Il prendra pour type de cette seconde espèce, le dernier duel de M. le président de la Chambre. Tout au plus seraient-ils interdits aux témoins, car il n'y a vraiment qu'eux qui s'exposent à quelque danger, au cas où un coup serait tiré de travers.

*
* *

Plusieurs députés de l'extrême-gauche parlent de modifier la loi sur les prières publiques. Je parie qu'on en arrivera à les interdire, tout en punissant les ecclésiastiques qui ne les auront pas dites. Cela serait tout à fait dans la logique républicaine.

*
* *

Depuis les derniers événements, le gouvernement anglais éprouve les plus grandes dificultés pour recruter le personnel de l'ambassade de Caboul. On cherche quelque jeune lord atteint du spleen et nourrissant des idées de suicide, afin de l'envoyer comme représentant de S. M. la reine, dans la capitale de l'Afghanistan.

*
* *

Un avocat plaidant pour un jeune homme dans une affaire en désaveu de paternité, s'exprimait de la façon suivante :

« Comment notre adversaire ne veut pas reconnaître « X... pour son fils. Voyez cependant, Messieurs les « juges, quel crétin, quel imbécile que mon client; « lui est-il possible, je le demande, de plus ressembler « à son père? »

*
* *

Avec sa bonne foi habituelle, *l'Avenir de l'Orne* reproche à M. Marigues de Champrepus d'avoir proclamé la nécessité de rétablir le droit d'aînesse. L'honorable représentant d'Écouché n'avait cependant rien dit de semblable. Mais, ô rédacteurs de *l'Avenir*, depuis longtemps nous savons que vous êtes de jolis *cadets*.

*
* *

En politique comme en bien d'autres matières, le plus grand des torts, ce n'est pas d'avoir tort, mais bien d'avoir raison trop tôt.

*
* *

Un républicain soutenait dernièrement devant nous, que se moquer du Gouvernement, c'était, par le fait, consolider la République. Voilà, à coup sûr, la seule façon de l'affermir qui puisse jamais nous aller.

15 novembre 1879.

Le *Bonhomme normand*, qui n'est jamais à court de récits cocasses et de racontars biscornus, nous apprend qu'au moyen-âge, la coutume autorisait les citoyens à battre leurs femmes, au moins de temps en temps. Souvent, lorsqu'un seigneur érigeait une ville en commune, il reconnaissait dans la charte d'émancipation le droit pour les bourgeois de corriger manuellement leurs compagnes, à certaines époques déterminées. C'était, ajoute le véridique *Bonhomme*, un moyen infaillible de faire affluer les étrangers dans la nouvelle ville. Heureux temps où les pochards eux-mêmes ne pouvaient rosser leurs épouses que quelques jours par an ! Combien de nos concitoyennes auraient intérêt à y revenir !

*
* *

Voici le Gouvernement qui renonce à son projet de poursuites contre Mgr Frepppel. En vérité, nous le regrettons presque. Cela n'eût pas été beaucoup plus ridicule que bien d'autres choses que l'on a faites depuis quelque temps. Que ne déclare-t-on, une bonne fois pour toutes, suspect de conspiration contre le gouvernement, tout ecclésiastique convaincu de n'avoir pas commencé un sermon sans crier : *Vive la République !* ou un cathéchisme sans entonner le chant de la *Marseillaise !*

*
* *

Décidément, une nouvelle fantaisie succède dans l'esprit de nos gouvernants à leur engouement pour l'article 7, qui semble un peu démodé, c'est celle du respect. Les ministres, réunis en conseil, ont décidé, nous apprennent les journaux, qu'ils ne souffriront plus désormais que l'on se moque d'eux ; mais ils ne disent point comment ils comptent s'y prendre pour arriver à ce but. La nouvelle, je l'avoue, nous jetait dans une grande perplexité. Avant tout, nous voulions nous conformer aux lois de notre pays. Mais comment faire pour nous exciter au respect d'un régime qui, le plus souvent, paraît fait pour exciter une douce hilarité? Heureusement, en poursuivant notre lecture, nous nous sommes aperçu que la décision du Conseil visait uniquement les fonctionnaires de l'Etat. Les autres citoyens ne sont donc pas tenus au respect, et ils peuvent continuer à professer pour nos gouvernants tous les sentiments qu'il leur plaira.

Au reste, si ces messieurs tiennent véritablement à ce que le gouvernement devienne aussi respecté que respectable, je ne leur vois qu'une chose à faire, c'est de s'en aller, de laisser la place à d'autres, mais peut-être trouveraient-ils le moyen un peu radical.

*
* *

On nous a appris dernièrement que M. Duhamel charmait ses loisirs en pêchant à la ligne. J'avoue que cela nous a surpris, nous aurions bien cru M. Duhamel, le parfait antipode du pêcheur.

*
* *

Voici M. Gent en train de faire ses paquets pour se rendre en Amérique. Ce n'est point cependant à Cayenne qu'on l'expédie, ainsi que le bruit en avait couru. Il n'aurait pas mieux demandé, ajoute-t-on, d'échanger son titre de gouverneur de la Martinique contre un poste de chargé d'affaires en Egypte, cet intéressant pays où jadis les frères avaient toute liberté d'épouser leurs sœurs.

*
* *

M. Waddington, voyant ces jours derniers passer une bande de condamnés aux travaux forcés, aurait laissé échapper cette réflexion mélancolique : « Heureux coquins! Eux, du moins, ils savent à quelle besogne juste ils seront astreints. »

*
* *

La circulaire de M. Le Royer recommande aux parquets la plus grande vigilance à poursuivre les écrits qui pourraient *paraître* délictueux. Ce *paraître* vaut son pesant d'or. Pourquoi M. le ministre n'a-t-il pas demandé aussi que cette vigilance s'étendît aux affaires véreuses, aux tripotages financiers de toute sorte. Mais on ne peut pas tout faire à la fois. Peut-être a-t-il craint d'ailleurs que la chose n'amenât une crise jusque dans les régions gouvernementales !

*
* *

On prête le propos suivant à M. de Boutheilier, le nouvel élu du quartier des Bassins. « Il faudra qu'à la prochaine occasion je me fasse nommer à la Chambre. J'irai m'asseoir à côté de M. Bonnet-Duverdier, dont je partage entièrement les idées au point de vue économique et financier. »

*
* *

De mauvaises langues prétendent le cabinet fort inquiet des dernières élections. C'est une fausseté insigne. Nous qui avons vu de près quelques-uns de nos ministres, certifions leur avoir trouvé l'air aussi calme et serein que d'habitude.

*
* *

Lors du dernier passage de Blanqui à Lyon, la

police s'est signalée par son zèle à protéger les manifestants et à réprimer les réactionnaires. « Voilà, s'écriait un mauvais plaisant, les sergents de ville transformés en défenseurs du désordre public. »

⁂

Nous apprenons que l'on vient d'enlever aux dames de Marie, de Tourouvre, leur titre d'institutrices communales. Nous ne pouvons que les féliciter de l'honneur qu'on leur fait. Il leur était bien dû en raison de leur zèle, de leur dévouement et de l'excellente éducation qu'elles donnaient à la jeunesse.

2 décembre 1879.

Dans un de ses numéros parus il y a un certain temps déjà, et que nous nous ne sommes point parvenu à nous procurer, une feuille républicaine du département consacre quelques lignes à divers collaborateurs anonymes du *Journal d'Alençon*. Il y en a, dit-elle, dont nous avons pu établir l'identité. D'autres continuent à cacher leur nom, comme s'ils avaient honte de le signer.

Cette réflexion nous surprend. Est-ce que plusieurs des rédacteurs de la feuille en question ne signent pas leur nom? Il paraîtrait qu'ils ne trouvent pas de honte à cela.

Une question d'ailleurs. Ce journal, qui, aujourd'hui se montre si curieux, ne serait-il pas le même qui, au moment de la Commune, faisait discrètement entendre que de nombreux homicides se commettaient certainement dans plusieurs couvents de Paris? On juge quels sentiments méritent d'inspirer des gens capables de se permettre une semblable facétie et l'on ne s'étonnera pas que nous fassions autant de cas de leurs réclamations que de leurs personnes.

D'ailleurs, nous ne tenons pas précisément à leur faire plaisir. S'ils tiennent à savoir notre nom, c'est une raison suffisante pour nous de ne pas le leur dire. Qu'ils cherchent tant qu'ils voudront, c'est leur affaire, et, ma foi, s'ils sont assez peu perspicaces pour ne pas trouver, ce n'est pas nous qui les aiderons. Nous nous bornerons à lui dire ce qu'on répondait naguère à un parleur radical qui assommait son auditoire, en prétendant *chercher la vérité* « c'est cela, cherche, apporte et f...iche-nous la paix. »

La même feuille essaie à sa manière de refuter ce que nous avons dit sur le poids composé des impôts de l'ancien et du nouveau régime. Elle pense éblouir ses lecteurs en leur traçant un tableau fantastique des droits féodaux et autres. Il se pourrait bien faire qu'une partie de son public soit moins naïve qu'elle ne le suppose et ne croie pas grand chose de ce qu'elle leur débite à ce sujet. Il aurait, dans ce cas, bien raison, nous allons voir pourquoi tout à l'heure.

Les impôts perçus par l'Etat en 1789, s'élevaient environ au total de 980 millions de francs. En tenant compte de la dépréciation actuelle de l'argent, cela équivaudrait à un peu moins de deux milliards.

Nous sommes certainement trop généreux en portant à un milliard de notre monnaie d'aujourd'hui, la somme perçue pour la dîme, les droits féodaux de quelque nature qu'ils fussent, par suite de la mauvaise répartition de certains impôts, etc.

Le total n'irait donc, tout compris, pas à trois milliards, tandis qu'aujourd'hui il dépasse ce chiffre.

Répétons, encore une fois qu'avant 89, on n'avait pas le plus lourd de tous les impôts, celui du sang, la conscription se trouvant particulièrement remplacée par le recrutement volontaire. Or, ce ne serait pas aller trop loin que d'évaluer à 250 millions, ce que le service militaire fait perdre chaque année, de travail utile à la nation.

Mais, nous dira-t-on, les abus, les iniquités dans la répartition des taxes, il paraît que cela ne vous révolte pas, car vous n'en dites mot.

Nous répondrons à cela que les abus de l'ancien régime nous inspirent autant de répulsion qu'à personne, mais que ceux du régime actuel nous en inspirent tout autant. Nous ne voudrions pas imiter certains républicains qui ne crient contre les excès du temps passé que pour empêcher qu'on ne s'aperçoive de ceux du temps présent, lesquels ne sont pas moins intolérables, mais dont ils profitent. Presque tous ces abus d'autrefois *fleurissent encore aujourd'hui* et il n'y a que le nom de changé. La prestation a avantageusement remplacé la corvée de nos pères. La plupart des corvées seigneuriales avaient, en effet, un but d'utilité publique, et le seigneur devait nourrir ses corvéables. Aujourd'hui, l'Etat leur prend leur temps ou leur argent, à leur choix ou plutôt au sien. Il ne leur donne rien en échange, ce qui est beaucoup plus économique.... pour lui. Quant à la dîme, elle se trouve fort aggravée, remplacée par l'impôt foncier, lequel coûte bien plus aux contribuables.

Quelques terres se trouvaient jadis plus ou moins

exemptes d'impôts. Aujourd'hui, nous rencontrons les plus énormes inégalités dans l'estimation cadastrale. Elles sont flagrantes de canton à canton, parfois de commune à commune. Dans le Nord, les terres paient souvent le 8e, le 5e, parfois le 1/4 du revenu, tandis que les vignobles du Midi, dans les régions épargnées par le phylloxera, n'en paient parfois que le 1/10 ou même le 1/12.

Le brillant système d'égalité auxquel nous sommes arrivés de la sorte valait bien, sans aucun doute, toutes les révolutions faites depuis 89.

Peut-être nous reparlera-t-on encore de la misère avant la Révolution. Elle n'avait pas empêché le paysan, le petit cultivateur d'acquérir pour son compte un tiers du sol, et Arthur Yung, visitant la France en 1788, s'étonnait déjà de l'extrême division de la propriété. Que dites-vous de cette affreuse misère qui n'empêche pas le monde de si bien faire leurs affaires? Sans doute les disettes étaient alors plus fréquentes qu'aujourd'hui. Cela tenait à ce que l'on ne connaissait pas encore ni les chemins de fer ni le transit américain qui nous fournissent de grains rapidement et à bon marché. Les lois n'y étaient pour rien et si l'on avait eu, il y a deux siècles, les mêmes moyens de transport qu'aujourd'hui, certainement l'on aurait évité toute famine.

Somme toute, nous pouvons énoncer comme un axiome de bon sens que tout homme sera obligé d'admettre, à moins de manquer de sincérité ou d'être un ignorant, ceci : AU POINT DE VUE EXCUSIVEMENT FINANCIER, LE PEUPLE FRANÇAIS AURAIT QUELQU'IN-

TÉRÊT A REVENIR A L'ANCIEN TEMPS. Sans doute, nos adversaires ne voudront pas le reconnaître ; ils nous accuseront d'être un partisan de l'ancien régime. Nous nous bornerons à leur répondre qu'ils mentent, mais ils y sont, sans doute, si habitués que cela ne leur fera pas grand'chose.

Cependant qu'ils ne continuent pas à trop compter sur la crédulité du public, lequel commence à se sentir las d'être toujours trompé. Il en est de l'aplomb comme de toutes les bonnes choses :

« Faut de la vertu, pas trop n'en faut,
« L'excès en tout est un défaut. »

L'histoire est aujourd'hui mieux connue qu'elle ne l'a jamais été, et le mensonge devient trop facile à démasquer. Le lecteur finit par en avoir assez de ces écrivains que les abus éteints depuis longtemps ont seuls le don d'indigner. Ils lui rappellent trop cet industriel qui venait de dévaliser une maison et criait « Au voleur, » pour détourner les soupçons et empêcher qu'on ne songeât à l'arrêter.

*
* *

Le *Mot d'Ordre* s'élève contre la prétention du ministère de n'accorder l'amnistie qu'aux condamnés politiques. Les criminels de droit commun, dit-il, sont répudiés parmi tous les partis et leur retour, dès lors, ne saurait offrir de dangers.

J'entends bien, l'honnête feuille consent à patronner de braves citoyens tels que les Bonnet-Duverdier, les Boutheillier, les Gent, mais que par impossible, un de ces honorables personnages ait été condamné pour abus de confiance, escroquerie ou n'importe quel autre motif, elle se hâterait de lui retirer son appui. Elle se montrerait sans pitié pour les infortunés qui ont eu le malheur de se laisser *pincer* par la justice. Peut-on être plus Spartiate ! On sait que la loi de Lycurgue punissait sévèrement le larron, s'il était pris sur le fait.

*
* *

Plusieurs journaux d'extrême gauche s'indignent contre M. Waddington, ce ministre des affaires étrangères qui ne sait pas voir clair dans le jeu de ses adversaires. Que ne nomme-t-on à sa place un républicain éprouvé, M. Jacotin, p. ex.? Ce serait, sans doute, un joueur plus habile.

*
* *

Les feuilles radicales continuent à traiter MM. Gambetta, Ferry et consorts de *Jésuites.* Alors, comment nommera-t-on les enfants de *Loyola?* Faudra-t-il les appeler *opportunistes?* Ce sera la première fois que l'on pourra parler sans rire de la vertu, de la bonne foi, de l'austérité de mœurs des opportunistes.

*
* *

Le décret sur les absences des évêques, si on sait l'appliquer avec un peu d'esprit, ne manquera pas de produire des scènes réjouissantes, du genre de la suivante :

Chef de gare à Ministre. Voici évêque de X... qui a obtenu une permission de 48 heures ; veut s'éloigner sous prétexte de besoin à satisfaire. Cas d'absence non prévu. Que faire ?

Ministre à Chef de gare. Affaire grave. Attendez décision ministérielle. Concordat précis sur ce point.

Chef de gare à Ministre. Très-pressant, l'évêque de X... dit ne pouvoir attendre, sans qu'inconvénient grave s'ensuive.

Ministre à Chef de gare. Impossible de ne rien décider sans conseil de Ministres réuni. Si l'évêque trop pressé, qu'il fasse dans sa culotte, sinon déféré *comme d'abus* au conseil d'Etat.

15 décembre 1879.

Un journal prétend que M. Duhamel, invité à une partie de pêche, avait refusé en ces termes : « Pas si bête, un malheur est si tôt arrivé. »

Nous avons tout lieu de croire cette feuille mal renseignée. L'invitation était si pressante que l'intéressant citoyen n'a pu la décliner. Un de ses amis lui aurait même dit à ce propos : « Une partie de pêche dont vous ferez le plus bel ornement? Ah, vous voilà pris, mon pauvre Duhamel! »

*
* *

On prête au général Trochu, l'intention de rejoindre le général de Nansouty, dans son observatoire du Pic du Midi, où l'on reste isolé six mois chaque année au milieu des neiges. Cette résolution s'explique par le peu de goût que le défenseur de Paris a toujours manifesté pour les sorties.

*
* *

Ne dirait-on pas que c'est ce farceur de Scarron qui s'est chargé de la mise en scène des affaires gouvernementales? Tout ce qui se passe semble une réminiscence de l'*Enéide travestie*. Nous avons une ombre de ministère auquel les quatre gauches veulent imposer une ombre de programme, car elle ne sauraient tomber d'accord sur un programme sérieux. Ainsi, lors de son voyage aux enfers, le Bonhomme Enée aperçut

.... L'ombre d'un cocher
Qui de l'ombre d'une brosse
Frottait l'ombre d'un carosse.

*
* *

Un maçon vient, à ce que l'on affirme, d'être nommé sous-préfet dans un département du centre. Nos gouvernants peuvent bien être aussi provisoires que leurs prédécesseurs de 48, mais à coup sûr, ils se montrent moins radicaux, car à cette époque une sous-préfecture fut confiée à un menuisier. On se rappelle la réponse que fit à ce propos M. Dupin, à ses conseillers qui se plaignaient d'un pareil choix : « Je vois bien ce que c'est, vous voudriez un ébéniste, mais alors qui est-ce qui resterait pour les Préfectures. »

*
* *

Dialogue entre un fournisseur républicain de je ne ne sais plus quel chef-lieu de département et un conservateur.

— Notre préfet, ne m'en parlez pas, un vrai grigou qui ne fait pas pour un sou de dépense, et madame la préfète, c'est encore pis. Elle marchande toujours et n'achète jamais rien.

— Eh bien, vous devez être content. Voilà un digne préfet de la République, un vrai *Cincinnatus*.

— Un saint, quoi? D'abord, de saints n'en faut pas. Puisqu'il est si clérical que cela, je vais le dénoncer à la feuille radicale de la localité, et on ne sera pas longtemps à en être débarrassé.

*
* *

Un républicain nous reprochait d'avoir, dans un de nos cancans, comparé les inégalités de l'impôt foncier d'aujourd'hui aux exemptions de l'ancien temps. Du moins, nous savons, ajoutait-il, que l'égalité, si elle n'existe pas en fait est dans le vœu de la loi. Pour le contribuable obligé de payer plus que sa part, c'est une grande consolation de savoir que si la loi lui enlève son argent, elle ne le fait qu'avec peine. Ainsi, au temps de l'inquisition espagnole, le Saint-Office ne condamnait jamais un mécréant au bûcher, sans lui exprimer ses regrets pour le désagrément qu'on était obligé de lui causer.

Que ledit contribuable essaie donc un peu d'arguer de son amour de l'égalité, pour refuser de payer la note du percepteur? On verra comment il sera reçu. Il ne tardera pas à s'apercevoir que le premier vœu du législateur, c'est de pratiquer à sa bourse une saignée la plus large possible.

Encore si le malheureux que l'on dépouille de la sorte se pouvait dire : « Cet argent qui me coûte tant à gagner, tant à donner, recevra un emploi vraiment utile, il ne passera pas en gaspillages, ni à entretenir des fonctionnaires incapables ou nuisibles ! » Mais cette certitude, est-ce bien le régime actuel qui la lui donnera ?

*
* *

M. le préfet de l'Eure vient de prendre l'arrêté le plus mirifique qu'on puisse imaginer.

Il vient de dissoudre la musique municipale de Fidelaire parce qu'elle a invité à un banquet qu'elle donnait à ses membres honoraires M. Janvier de la Motte père, député de Bernay, et son fils, candidat aux élections de 1877. Par le même arrêté, l'adjoint au maire est suspendu de ses fonctions pour avoir assisté à ce banquet.

Ainsi voilà le député de Bernay traité comme un pestiféré, et son fils comme un paria ; ce dernier, pour avoir été candidat en 1877, ne porte rien moins qu'une tache indélébile. M. le préfet de l'Eure mérite en vérité qu'on lui réserve une place au Panthéon.

Quand on lit cet arrêté, on ne peut s'empêcher de s'écrier que l'arbitraire grotesque et irritant n'a jamais été porté à un aussi haut degré.

Il faut vraiment que la République soit d'un tempérammment bien débile pour qu'elle ne puisse supporter la présence d'un député anti-républicain dans un banquet de musiciens.

Qu'on se rassure, la musique de Fidelaire est dissoute et, du même coup, la République hors de danger.

*
* *

On parle d'une supplique qui serait prochainement adressée à M. Jules Ferry, grand maître de l'Université, afin d'obtenir de son Excellence qu'elle se produise un peu moins à la tribune.

La langue française souffre considérablement, aux yeux de l'étranger, de ses discours et certaines expressions qui selon toute probabilité, lui ont échappé, ont jeté l'effroi dans le monde universitaire.

30 décembre 1879.

Un certain nombre d'officiers carlistes, de ceux-là même qui n'avaient que très-peu trahi leur souverain pendant la guerre, songent, dit-on, à se rattacher définitivement au gouvernement de Dom Alphonse.

« Ce n'est pas tout à fait, disent ces loyaux militaires, le régime de notre choix ; à quelques égards on pourrait le considérer comme en constituant la négation formelle, mais c'est encore, tout bien considéré, ce qui s'en rapproche le plus. »

C'est juste la même chose, aurait dit Alexandre Dumas, sauf que c'est précisément tout le contraire. Quasi fidélité au service d'une quasi légitimité.

*
* *

Il n'est bruit, en Italie et ailleurs, que du jugement du tribunal de Florence, lequel a donné le premier exemple connu d'une banqueroute frauduleuse ordonnée par la justice. Voici le fait :

La ville avait hypothéqué un emprunt assez considérable sur ses octrois, et déjà les actionnaires avaient touché plusieurs coupons de rente. Le tribunal ne s'est-il pas avisé de déclarer que les octrois municipaux n'étant point dans le commerce, la cité ne pouvait les engager. Défense a donc été faite à cette dernière de remplir les engagements contractés de ce chef. D'ailleurs, aucun autre mode de libération ne se trouvant indiqué, les actionnaires n'ont sans doute qu'une chose à faire, c'est de s'adresser au Conseil d'Etat, à moins qu'ils ne préfèrent comme le vieux soldat :

Souffrir et se taire
Sans murmurer.

Une telle mesure nous paraît singulièrement de nature à fortifier les tendances unitaires chez les Italiens, spécialement chez ceux qui ont engagé leurs fonds, et à augmenter encore, s'il est possible, leurs sentiments d'affection pour la maison de Savoie.

Après cela, ces bons juges ont, sans doute, estimé de leur devoir de s'inspirer de l'esprit du gouvernement.

« Notre roi, galant homme, se seront-ils dit, a enlevé à ses collègues couronnés de la Péninsule, leurs trésors et leurs états sur lesquels il n'avait aucun droit et dont plusieurs même étaient ses parents. Faisons quelque chose d'analogue dans notre petite sphère. Enlevons leurs économies à un certain nombre de nos concitoyens. »

Cela est d'autant plus beau, que ces honnêtes magistrats n'avaient aucun intérêt personnel à agir de la sorte. Ils ont travaillé pour l'amour de l'art; mais ces Italiens sont si artistes! N'est-ce pas le cas de dire qu'ils le sont jusqu'au bout des ongles?

*
* *

Un personnage politique bien connu aurait, à ce que l'on rapporte, envoyé une belle offrande aux nouveaux bureaux de bienfaisance républicains et une autre à la souscription du *Figaro*. Ce procédé ingénieux rappelle l'histoire de la vieille faisant brûler un cierge devant l'image de Saint-Michel, et un autre devant celle du dragon. « On ne sait pas ce qui peut arriver, disait-elle, et il est bon d'avoir un pied dans les deux camps. »

*
* *

Une démarche importante vient d'être faite par le prince de Danemark. Il s'est rendu à Berlin et a été présenté au vieil empereur ainsi qu'à M. de Bismark. Cette conduite contraste étrangement avec l'attitude si correcte des héritiers du roi de Hanovre, et équivaut pour ainsi, à une renonciation du Schleswig. Il est triste de voir un roi abandonner ainsi les droits de son peuple et les siens et souscrire à sa propre abdication. Après cela, nous ne serions nullement surpris que cela lui ait été suggéré par quelque courtisan dévoué, de ces hommes qui témoignent un tel excès de dévouement qu'ils finissent par n'en plus avoir assez.

6 janvier 1880.

Enfin, nous avons un ministère, mais ce n'est pas sans peine. S'il vaut le mal qu'on s'est donné à le mettre au jour, la France peut se vanter d'avoir des ministres comme on n'en voit guère, comme on n'en voit pas. Pendant une semaine, c'était un sauve qui peut général dans les rangs de la gauche. La vue d'un portefeuille suffisait à les mettre tous en fuite, y compris le citoyen Challemel-Lacour, qui ne passe pas cependant pour l'homme le plus timide de son parti. On consentait à être du ministère qui doit venir, mais non de celui qu'il s'agit de former. C'est l'histoire de cet auteur, prétendant commencer ses publications par la seconde édition de ses œuvres.

Et qu'on vienne, après cela, accuser les républicains d'être tous des ambitieux, de nourrir un amour immodéré pour le maroquin. Ils se sont montrés, au contraire, d'une modération et d'un désintéressement absolus, désintéressés à la façon de ce rat qui échappé par grand hasard de la souricière, n'y voulait plus remettre la patte, quelqu'appât qu'on lui offrît.

Au fait, une idée; que ne s'est-on adressé un peu pour voir aux ci-devant du 16 Mai? D'aucuns leur reprochent, non sans quelqu'ombre de raison, d'avoir été, (sans le vouloir, j'en conviens), les vrais pères de la République dont nous jouissons en ce moment. Ne seraient-ils pas encore les plus capables (toujours sans le vouloir), de la faire durer? Je sais bien qu'ils ont été flétris; bah, qu'est-ce que cela fait? Une flétrissure, mais depuis l'affaire Gent, c'est presqu'un témoignage et une preuve d'affection pour le Pouvoir!

D'ailleurs, les gens du 16 Mai n'ont pas plus de rancune que cela, et je suis sûr qu'ils pardonnent bien du fond du cœur à leurs flétrisseurs. Si l'on avait oublié de les blâmer, et surtout si l'on s'était avisé de leur faire des compliments, ça eût peut-être été différent « Les animaux, s'écriait un suppôt de Mac-Mahon, les animaux (c'était des républicains qu'il parlait en ces termes), je ne sais ce qu'il vont imaginer contre nous, ma foi, pourvu qu'ils ne s'avisent pas de nous décerner des éloges, je m'estime satisfait. »

*
* *

Un mot maintenant au sujet de la missive adressée par M. le préfet de la Somme, au comité libre d'Amiens. Il s'agissait de contraindre celui-ci à verser ses fonds dans la caisse du bureau de bienfaisance officiel. Cette lettre a produit un effet immense. Jamais on n'eût osé rêver rien d'aussi ridicule, même en République. C'est au point que le citoyen Sarcey, qui cependant n'est pas prude sur la matière, s'en montre scandalisé. Les cuistres, ils cherchent à nous faire trembler, et arrivent tout juste à nous faire hausser les épaules.

En présence de faits de cette nature, je me demande pourquoi notre gouvernement ne suivrait pas l'exemple de plusieurs Etats voisins qui ont pris un oiseau pour emblême. Bien entendu, on laisserait de côté l'aigle, animal réactionnaire qui ne rougit pas de figurer sur les étendards de diverses monarchies. Qui empêcherait de prendre le coucou, ce volatile ingénieux, mais peu délicat, qui ne sachant se construire de nid, s'empare sans cérémonie de celui du voisin? L'image de cet oiseau essentiellement annexioniste manquerait peut-être un peu de chic, mais comme ce serait nature! En le voyant brodé sur les drapeaux de la République, on ne pourrait s'empêcher de dire : « Voilà des armes parlantes. »

*
* *

Les journaux conservateurs de Paris se sont plaints amèrement que l'administration municipale ne s'occupât pas avec plus de soin de désobstruer les rues. M. Hérold n'est pas, paraît-il, dupe de cette manœuvre et se rend parfaitement compte du motif qui les fait parler. « Ces satanés réactionnaires, se serait-il écrié, ils réclament à cor et à cri l'enlèvement des ordures. Tout cela, par esprit d'opposition, et attendu qu'ils veulent être débarrassés du gouvernement de la République. «

*
* *

Depuis sa démission, le maréchal de Mac-Mahon fait le mort. On n'entend pas plus parler de lui que s'il n'avait jamais existé, c'est à croire qu'il continue à nous présider.

*
* *

On prête le mot suivant au citoyen Gent, l'honorable député de Vaucluse : « Enfin me voilà nommé ; je ne serai pas réduit à chercher dans l'intimité de la vie de famille, une consolation aux déboires de ma carrière politique. »

*
* *

Le *Lampion de Berluron*, malgré un état de crétinisme qui lui semble assez habituel, a parfois cependant comme des éclairs de bon sens. « Le parti conservateur, dit-il, ressemble à ces enfants de bourgeois élevés dans du coton et qui restent toujours malingres. Au contraire, les républicains rappellent ces fils de paysans habitués à sortir par tous les temps à patauger dans la crotte, et qui deviennent enfin de solides gaillards. »

J'avoue que cette comparaison entre le parti qui nous gouverne et un gamin mal éduqué ne nous paraît pas manquer de justesse.

*
* *

La *Lanterne de Boquillon*, qui vient d'être conda née pour outrage et calomnie envers un ministre de cultes, n'en continue que de plus belle à traiter le conservateurs de *cléricochons*, *cléricafards*, et l reste.

Quel ton ignoble ! Quel style de vidangeurs ! Et qu dirait à son tour l'aimable *Lanterne*, si nous qualifion les partisans du régime actuel de *républicuistres républicrétins*, etc. Mais nous nous gardons bien d le faire. Ce serait prendre des allures par trop répu blicaines et nous donner l'air de malotrus.

9 janvier 1880.

« Qui êtes-vous, d'où venez-vous, que voulez-vous, « Monsieur le Ministre? Pour rassurer un pays qui « s'effraie, il ne suffit pas d'être parfaitement inconnu. » C'est par ces mots qu'un député apostrophait, en 1848, M. de Thorigny, alors muni par hasard d'un portefeuille qu'il garda la semaine tout au plus. Nous ne voudrions pas dire que le nouveau ministère soit destiné à durer aussi peu, mais à cela près, les paroles citées plus haut pourraient parfaitement s'adresser à lui. Sous le rapport de la médiocrité et de l'insignifiance, il nous paraît briller d'un éclat sans pareil, et je crois que l'on chercherait vainement dans les capitales de tous les états civilisés, rien à lui comparer. Comme le père Gagne, de facétieuse mémoire, il jouit, en partie du moins, d'un passé pur de tout antécédent. Enfin, dans tout le parti républicain, ils n'ont pu découvrir ni un esprit plus pratique que M. de Freycinet, ni un homme plus lettré que M. Ferry, ni un guerrier plus illustre que le général Farre! Quelles étrennes, grand Dieu, que de pareils ministres ! Quan à M. Waddington, on ne m'ôtera jamais de l'idée qu ses anciens collègues l'ont exclu parce qu'ils étaien jaloux de ses talents, et que, comme les envieux d Mirabeau, ils ne pouvaient lui pardonner sa supé riorité.

O France qui avais eu pour ministres, des homme tels que les *Lainé*, les *de Serre*, les *Martignac*, le *Casimir Perrier* (premier de ce nom), toi que tes sou verains avaient fait si noble et si grande ; France à qu ton vieux roi revenant de l'exil avait donné, avec l repos, la jouissance des légitimes réformes de 89, e quelles mains, diable, es-tu tombée ?

Et cependant, notre pays a un grand rôle à rempli parmi les nations, celui de missionnaire et d'initiateu que Dieu même semble lui avoir assigné. Il le peu remplir d'une manière fausse ou ridicule, mais no pas y renoncer. En 1795, nous prêchions le fer et l feu à la main, la fraternité à l'univers. La Franc s'amusait à déposer des républiques à tous les coins d l'Europe, république Batave par ci, république Cisal pine ou Parthénopéenne par là. Ces jeunes gouverne ments n'eurent de commun avec les roses que leu durée éphémère et sitôt un peu d'ordre rétabli, natu rellement on se hâta de balayer ce tas de démocraties

Aujourd'hui notre prédication moins bruyante, n'e est peut être que plus efficace. Semblables à l'Ilot ivre qui détournait les Spartiates de boire, nou enseignons aux peuples, par notre exemple, l'inconvé nient qu'il y a, à se mettre en République. Espéron que le bon Dieu, quelque jour, nous tiendra compte de ce service rendu, un peu involontairement, à la cause de la civilisation.

*
* *

Y a-t-il rien de plus odieux que la conduite de ces cléricaux qui affectent d'être charitables uniquement pour accuser nos gouvernants de ladrerie et faire pièce à la République? Combien l'attitude des chefs de l'Etat n'a-t-elle pas été à la fois plus digne et plus modeste? On ne voit figurer leurs noms dans aucune souscription. Le soin avec lequel ils cachent leurs bienfaits est si extrême que déjà le public commence à croire qu'ils n'ont pas donné un sou, et qu'ils se moquent pas mal de la misère de tous leurs électeurs. Il va sans dire que ceux qui approchent ces grands hommes savent à quoi s'en tenir, et ne conservent pas le moindre doute en ce qui concerne leur philanthropie et leur générosité. Tout cela ne suffit pas et je demande que l'on refrène l'audace des réactionnaires. Déjà, dans la Somme, on parle de confisquer leurs aumônes au profit du bureau de bienfaisance. Ne pourrait-on pas aller plus loin et leur prendre au moins une partie de leurs biens? Qui empêcherait de frapper d'une grosse amende tout citoyen convaincu d'avoir fait l'aumône, sans que ce soit au nom de la République? Il va sans dire que l'on n'exigerait rien des partisans du régime actuel et ils pourraient continuer leurs générosités comme par le passé, sans que l'on songe à leur dire quoique ce soit, pas même un merci.

*
* *

Un dernier mot : le conseil municipal d'Amiens est dépassé.

Celui de Tours, beaucoup plus réjouissant, vient de décider que des poursuites seront exercées contre les membres des comités, lesquels seront solidairement mis en demeure de rembourser à leurs dépens les sommes déjà distribuées aux malheureux.

Cette décision est originale. Attendons-nous à voir bientôt les distributeurs libres d'aumônes traduits devant la cour d'assises sous l'inculpation de crime de détournement. Si on allait les condamner aux travaux forcés!...

15 janvier 1880.

D'après certaines feuilles républicaines, l'illustre Challemel-Lacour serait tenu en singulière estime par la cour de Berlin. M. de Bismark le désire comme pouvant seul remplacer le regretté M. de Saint-Vallier, et si on tardait à le lui expédier, cela deviendrait presqu'un *casus belli.* Il est vrai que, si Challemel-Lacour a jadis parlé de fusiller quelqu'un, ce n'est pas l'empereur d'Allemagne. Bientôt nous apprendrons qu'à Saint-Pétersbourg, on ne peut se passer de l'éminent citoyen Floquet, qu'à Vienne on soupire après Pascal Grousset, lequel porta un toast à la petite balle qui termina les jours de l'infortuné Maximilien, proche parent de François-Joseph. Et l'on nous soutiendra, avec aplomb que pour éviter toute complication extérieure, il faut les envoyer au plus vite représenter notre pays, l'un sur les bords du Danube, l'autre sur ceux de la Néva. Nous avouons, pour notre part, que le régime actuel se trouverait, lui, réprésenté à peu près comme il le mérite.

***

M. Waddington ne peut se consoler, paraît-il, d'avoir été rendu aux douceurs de la vie privée. « Ce misérable Freycinet, s'écrie-t-il, dans ses transports de colère, il m'a mis dedans, tout comme s'il avait été un diplomate allemand; encore ce dernier eût-il, du moins, conservé plus de formes ! » Ce Waddington, il a tant de patriotisme, qu'il aimerait mieux être berné vingt fois par des étrangers qu'une seule par un compatriote !

*
* *

C'est à tort que l'on prêtait au gouvernement l'intention d'abandonner l'article 7. Le citoyen *J. F.* auquel on vient de rendre le portefeuille de l'instruction publique, y tient *mordicus*. Toutefois, contrairement à l'opinion de son ami Margue qui voit partout des questions de cabinet, le rejet dudit article n'entraînera pas la retraite des ministres.

*
* *

Nous avons bien tardé à parler à nos lecteurs du jugement du tribunal de Caen, qui casse celui des magistrats d'Argentan et renvoie indemne M. le curé de Faverolles. Les mauvais citoyens qui ne tiennent aucun compte de la question politique dans leurs arrêts et acquittent ainsi les gens par la simple raison qu'ils sont innocents, je demande qu'on les épure d'importance à la prochaine occasion.

*
* *

Quelques républicains d'une humeur légèrement grincheuse, nous reprochent notre alliance avec des hommes qui n'ont pas en tout notre manière de voir, afin de jeter la pierre au Gouvernement. N'est-il pas permis de chercher des auxiliaires pour accomplir une bonne œuvre ?

On nous objectera peut-être que la République se détruit d'elle-même bien mieux que ne le sauraient faire ses adversaires. Eh bien ! quel mal y a-t-il à l'aider un peu? N'est-ce pas, au contraire, entrer dans ses intentions? Ma foi, si les républicains nous le reprochent, nous les trouvons véritablement ingrats.

*
* *

On ignore encore les complices de Gonzalez, le nouvel assassin du roi d'Espagne; déjà une feuille radicale se croit en droit de nous affirmer que les Jésuites ne sont pas étrangers à l'affaire. Rien de plus plausible, en effet, et leur culpabilité à cet égard paraît juste aussi démontrée que l'innocence des républicains. Franchement, nous trouvons bien héroïque M. Jules Ferry, d'oser affronter avec autant de sang-froid et de calme, d'aussi féroces adversaires.

*
* *

Décidément, la feuille du citoyen Gambetta monte sur ses grands chevaux. Elle ne veut plus dorénavant, que lés réactionnaires continuent à *blaguer* le Gouvernement. A l'avenir, nul n'aura le droit de trouver la République ridicule. Ah cela, serait-ce que maître Gambetta et ses amis ont l'intention de vider la scène politique ?

*
* *

Un partisan du régime actuel, tant soit peu plus clairvoyant que ses confrères d'opinion, leur reprochait de perdre la République par leurs excentricités. Si nous avions la chance qu'elle fût tout à fait perdue, espérons qu'il n'y aurait pas de récompense *honnête* pour celui qui se permettrait de la retrouver.

3 février 1880.

Un crime affreux, un effroyable sacrilège, un de ces forfaits auxquels la postérité aura peine à croire, vient de semer l'épouvante et la consternation parmi les bons patriotes de Gagny (Yonne) et autres lieux circonvoisins.

Nous ne saurions en parler sans que le sang ne se glace dans nos veines et que la plume ne s'arrête tremblante entre nos doigts. Non, en vérité, depuis le jour où le nommé Lycaon, de son vivant, tyran d'Arcadie, servit aux dieux, le corps de son fils, proprement débité en côtelettes et en hachis, nous ne croyons pas que rien de plus exécrable ait été accompli !

Voici la chose en deux mots :

L'arbre de la liberté, ce noble emblème du glorieux régime dont nous avons l'heur de jouir en ce moment et qui se dressait si fièrement au milieu de la place de Cagny, cet arbre n'est plus. On l'a flanqué par terre. Cinq ou si mauvais plaisants, à la suite d'un trop copieux repas, se sont amusés à le scier par le pied. Ils auraient même accompagné la perpétration de leur forfait, de réflexions aussi goguenardes qu'impies, ce qui prouve bien le degré de perversité auquel peuvent descendre ces âmes endurcies, obstinément fermées aux lumières de la foi républicaine.

Et le tonnerre n'a pas éclaté sur ces monstres! la foudre ne les a pas broyés! Le soleil n'a pas reculé d'horreur à l'aspect d'une si lamentable catastrophe! A quoi songent donc les corps célestes? Veulent-ils se faire destituer comme réactionnaires? L'astre du jour peut, il est vrai, alléguer comme excuse, qu'occupé à éclairer les rivages américains, il ne voyait pas très-distinctement ce qui se passait de ce côté-ci du globe.

Comment réparer une telle abomination, car en effacer le souvenir serait au-dessus des forces humaines? Ne pourrait-on pas élever une chapelle expiatoire, mais laïque, à l'endroit même où l'intéressante victime est tombée de son haut? Les republicains y viendraient en pélérinage des quatre coins de l'horizon. C'est là ce qui ferait une rude concurrence aux sanctuaires de Lourdes et de la Salette. Rien n'empêcherait un pur de l'endroit, costumé en Mollah ou en Mamamouchi, à son choix, d'y prêcher la guerre sainte contre les Jésuites et autres réactionnaires.

Maintenant, que fera-t-on, grand Dieu! des débris de l'infortuné végétal, des bûches ou des sabots? De la sorte, du moins, il sera toujours sûr d'avoir servi à quelque chose.

On nous assure que déjà les feuilles radicales du crû, ont profité de sa fin tragique pour débiter bien des fagots. Et dire que les coupables auteurs d'un si épouvantable attentat vivent encore, que le plus sévèrement puni d'entre eux en a été quitte pour quinze jours de prison! Mais la justice veut donc que tous les arbres de la liberté y passent les uns après les autres? Encore un tribunal que nous signalons à la vigilance épurative de M. le ministre!

Ce n'est pas cependant la faute des députés de l'Yonne. A peine eurent-ils appris le crime commis, qu'ils écrivirent à M. le président de la République pour réclamer un châtiment exemplaire. On voyait, qu'à leur avis, la mort était même bien peu de chose pour l'expiation d'un tel forfait.

Beaux jours de la première République, qu'êtes-vous devenus? C'est alors que pour un crime analogue, le commissaire du gouvernement envoyait à l'échafaud presque toute la population de la commune de Bédoin. Mais dans ce temps-là, ce n'étaient pas les opportunistes qui régnaient.

Quel malheur qu'on ne roue plus! Parole d'honneur, l'ancien régime avait du bon.

*
* *

Il vient de se passer à Charleville un fait digne d'être signalé à l'attention de nos lecteurs. La conférence de Saint-Vincent-de-Paule de cette cité ayant fait une quête pour les pauvres, sans indiquer qu'il s'agissait des indigents secourus par elle, M. le Maire a profité de cet oubli pour s'emparer des sommes recueillies. On ne dit pas cependant que l'honorable fonctionnaire ait mis l'argent dans sa poche.

*
* *

La *Justice*, journal de M. Clémenceau, veut que les hommes soient vertueux, non par conviction religieuse, mais pour obéir à leur nature. Est-ce que tous les hommes sont naturellement portés à la vertu? N'y en a-t-il pas, et beaucoup, qui naissent avec un tempérament de farceurs? C'est une catégorie de citoyens que la *Justice* avait de bonnes raisons de ne point oublier.

*
* *

De mauvaises langues prêtaient à M. Guizot, après 48, le propos suivant: « Moi, pas républicain, mais je l'ai toujours été, à preuve toutes les fautes que j'ai fait commettre à la monarchie. » Il nous semble que le citoyen ministre de l'instruction publique pourrait faire la même réponse à ceux qui l'accusent d'être un ennemi de l'enseignement clérical.. On nous dirait que c'est un jésuite en robe courte, un ennemi acharné de l'enseignement universitaire, que nous n'en serions pas trop surpris. Comment expliquer autrement son nouveau projet de programme: suppression du vers et du thème latin; suppression partielle de la version, que l'on remplacera par la lecture dans des traductions? Quant à la philosophie, on en élaguera simplement tout ce qui est métaphysique, pour le remplacer par des considérations sur le droit politique et naturel. C'est dire que d'après la nouvelle méthode, il suffira d'avoir lu la déclaration des *Droits de l'homme* et de savoir chanter la *Marseillaise* pour être réputé un parfait philosophe. On ne nous parle point de la logique, mais il est clair qu'elle ne saurait occuper beaucoup de place dans un programme rédigé par M. Ferry.

D'après cela, si tous les cancres ne se hâtent pas d'offrir des couronnes au ministre de l'instruction publique, nous les trouvons bien ingrats.

Les libres penseurs qui tiennent encore à ce que leurs enfants sachent quelque chose, n'auront plus qu'une ressource, ce sera de les confier aux Jésuites.

*
* *

M. Lepère n'a donné qu'un argument sérieux contre l'enseignement congréganiste, mais du moins il en vaut la peine. « On prétend, s'écriait-il, que les jeunes gens qui sortent des écoles cléricales sont tous bien élevés. Moi qui y ai passé plusieurs années, je vous dis que c'est faux et qu'il y a des exceptions. »

*
* *

Une chose paraît affecter beaucoup plusieurs notabilités du parti républicain. C'est qu'on tâche de les représenter comme des pingres, sous prétexte qu'ils n'ont presque rien donné pour les pauvres, abandonnant ainsi aux réactionnaires le monopole de la charité. « On ose dire que je ne donne rien, se serait écrié M. le Président de la Chambre, moi qui donne presque tous les jours à dîner. » Le gouvernement aurait cependant un moyen bien facile de faire tomber tous ces bruits. Que ne distribue-t-il aux indigents toutes les brioches qu'il a déjà faites, sans compter celles qu'il est en train de faire ? Il y aurait de quoi nourrir pendant longtemps ce bon peuple de Paris.

*
* *

On dit M. Gambetta assez indisposé depuis quelques jours. Cela tiendrait à plusieurs crapauds que ses anciens amis lui font avaler depuis une ou deux semaines, crapauds tellement gros qu'ils refusent de passer. Nous avions toujours cru qu'une consommation exagérée de ces reptiles finirait par être malsaine pour M. le Président de la Chambre.

*
* *

Le *Citoyen* trouve très-juste l'éxécution de Louis XVI, sous prétexte que ce prince aurait quelquefois menti. La feuille radicale voudrait-elle donc que l'on mette à mort tous les menteurs ? Ne dirait-on pas en vérité, qu'elle a juré l'extermination en bloc de tout le parti républicain ?

19 février 1880.

Le centre gauche continue toujours son jeu innocent de *Petit Bonhomme vit encore.* En attendant, il ne sait plus où porter ses pénates. Sera-ce à droite, où l'on se moque de lui, à gauche, où on l'accuse de trahison? Semblable au ver de terre qu'un jardinier a coupé en quatre, il essaie de se recoller, mais a toute chance d'être mort avant d'en venir à bout. *Ni place ni places*, telle est pour le moment présent sa vraie devise. C'est peut-être un peu moins fier que le vieux cri féodal : *Plus d'honneur que d'honneurs* : à coup sûr, cela n'est pas moins exact.

*
* *

M. de Freycinet entend faire de la République un édifice d'accès si commode que tout le monde y pourra entrer. Une vraie souricière, quoi! Aussi bon nombre de nos concitoyens se préoccupent-ils surtout de savoir s'il sera aussi aisé d'en sortir.

*
* *

Une coquille assez amusante. D'après un journal que nous nous abstiendrons de nommer, le gouvernement s'occuperait toujours activement de la *désorganisation* de l'Algérie. C'est évidemment *réorganisation* qu'il faut lire. Apprenez, mauvais plaisants, que le gouvernement de la République ne s'inquiète pas moins des intérêts algériens que de ceux de la mère-patrie.

*
* *

L'Académie des sciences, qui a déjà mis à l'index tout rapport concernant la quadrature du cercle et le mouvement perpétuel est, prétend-on, sur le point d'étendre la même décision à tout mémoire touchant l'union des gauches.

*
* *

A propos de la corvée récemment imposée aux militaires d'assister en uniforme aux soirées officielles, on cite le mot suivant d'un vieux général : « Mes enfants, voici encore une besogne bien emb...nnuyeuse. Il va falloir aller traîner son sabre chez M. le Préfet ; mais je ne veux pas être un tyran : voyons, les amis, ceux qui n'auraient pas l'habitude exclusive de la trop bonne compagnie.... »

*
* *

M. de Barthélemy-Saint-Hilaire, dans un dernier discours, vient de prononcer un de ces mots épiques qui méritent de rester dans la mémoire de la postérité.

« Il n'est pas permis, dit-il, de faire concurrence à l'Etat. » Je ne crois pas que le Grand-Turc lui-même, dans son omnipotence, eût osé tenir un langage aussi autoritaire. Pas permis de faire concurrence à l'Etat ! Avis aux éleveurs qui ont l'audace de produire le cheval chez eux et sans s'adresser aux haras, aux fermiers qui font de l'agriculture sans être employés de la moindre ferme modèle. Je demande que ces odieux contempteurs des droits de l'Etat soient immédiatement punis comme ils le méritent. Nous ne doutons point que ce propos de M. de Barthélemy ne donne aux nations voisines une bien haute idée du libéralisme de nos gouvernants.

* * *

Une caricature du *Triboulet* représente M. le ministre de l'instruction publique, chaussé de magnifiques patins en forme de 7, et en train de choir le derrière sur la glace. On croit remarquer que tout en tombant de son haut, néanmoins Son Excellence ne se fait heureusement aucun mal. Il y a vraiment des gens qui ont des grâces d'Etat.

On lit dans un journal républicain.

« La vérité est que cet hiver comptera parmi ceux dans lesquels on s'est le plus amusé, depuis bien des années. »

L'hiver a été des plus rigoureux ; les pauvres ont

souffert le froid et la faim ; presque tous les salons se sont fermés en présence de cette misère, et chacun a cherché à soulager les malheurs dans la classe des indigents.

Seuls, les opportunistes se sont amusés au milieu de ces souffrances ; ils déclarent même hautement que jamais ils ne se sont tant amusés.

C'est un carnaval de toute l'année : nous le savions déjà.

*
* *

26 février 1880.

Décidément, rien ne saurait donner une idée de l'épouvantable tyrannie exercée par l'infâme réaction à l'égard de ces pauvres républicains. Non contente de leur refuser l'usage des libertés les plus innocentes et les plus légitimes, de traquer impitoyablement ces pauvres agneaux, de les réduire à la misère, eux et leurs vertueuses familles, de les destituer sans mesure comme sans prétexte, elle ne sait qu'inventer pour ternir la réputation du parti et, par un raffinement inouï de cruauté, cherche à les faire passer tous pour des farceurs.

Ces misérables réactionnaires nous ont donné de leur profonde perversité, une preuve terrible à propos de l'affaire Seignobos.

Ce député que le *Figaro* avait le toupet de compter au nombre des plus médiocres et des plus obscurs, arrive tout d'un coup à la célébrité, grâce à la destitution de M. Clappier.

Avec leur mauvaise foi et leur esprit de chicane

habituels, ces ennemis invétérés de nos glorieuses institutions ont prétendu tirer parti d'une lettre et d'un telégramme du député du Gard. Poussant l'audace jusqu'à s'en tenir à la lettre de ces documents, au lieu de les interpréter de la bonne façon, ces monstres osaient conclure que M. Seignobos avait fait destituer M. Clappier, pour se venger d'un procès perdu, que M. le ministre de la justice avait eu l'inconcevable faiblesse de se prêter à cette œuvre d'iniquité et de basse rancune.

Eh quoi ! soupçonner l'honorabilité d'un député de la gauche ? (Passe encore s'il était de la droite). Faut-il être assez réac pour se permettre pareille horreur ? Mais, comme le disait un célèbre ministre du temps de Louis-Philippe, est-ce qu'il n'y a pas de ces choses qu'un honnête homme ne doit jamais croire possibles, même lorsqu'il les aurait de ses deux yeux, vues ?

Aussi, combien ne nous sommes-nous pas senti soulagé, après les lumineuses explications fournies tant par M. le ministre que par l'*honorable* M. Seignobos en personne ? Le député du Gard s'est évidemment vanté d'une mauvaise action qu'il n'avait jamais commise, qu'il était incapable de commettre et M. le ministre n'a destitué M. Clappier qu'en raison d'un éloge de cet abominable 16 mai, que ce dernier avait eu l'audace de se permettre.

Qu'y a-t-il d'étrange en tout cela ? N'arrive-t-il pas tous les jours que l'on se déclare obstinément coupable de méfaits dont on est tout à fait innocent ?

Mais cela se passe généralement ainsi, comme dit

Bilboquet, dans les meilleures sociétés. C'est un truc bien connu pour se rendre intéressant aux yeux du public.

Rappelons, à ce propos, l'histoire de la femme qui, devant le tribunal, se reconnaissait impudemment, effrontément, l'auteur de plusieurs vols qu'elle n'avait pas commis. Tout le tribunal y était trompé et l'aurait condamnée haut la main. Heureusement, MM. du Jury, avec leur sagacité babituelle, reconnurent qu'elle cherchait à leur en imposer et ne voulait aller en prison que pour leur jouer un mauvais tour et se moquer d'eux après. Aussi déjouèrent-ils ses odieux calculs en la déclarant innocente à l'unanimité.

M. Penchinat, le bâtonnier de l'ordre des avocats affirme, il est vrai, que M. Clappier n'avait pas ouvert la bouche au sujet du 16 mai. Mais, entre la parole d'un bâtonnier peut-être réactionnaire et celle d'un député de la gauche, notre républicanisme ne saurait hésiter, et nous savons parfaitement d'avance à quoi nous en tenir. Que diable, il n'y a que la foi qui sauve et un membre de la majorité viendrait nous affirmer qu'il fait nuit en plein midi, que nous regarderions la chose sinon comme parfaitement claire, du moins comme extrêmement vraisemblable.

Ce qu'il y a de plus affreux, c'est que les calomnies de la réaction trouvent quelqu'écho jusque dans les rangs de la gauche. Plusieurs des collègues d'opinion de M. Seignobos lui auraient, prétend-on, tourné le dos. Cette preuve de candeur républicaine nous touche énormément. Comme l'on sent bien la profonde et sincère indignation qu'inspirent à ces belles âmes les faits reprochés à l'honorable député du Gard, et que pour rien au monde, ils ne seraient capables d'en commettre de pareils.

Allons, allons, misérables chicanes que tout cela. L'injustice de tels soupçons nous révolte. Au fond, M. Seignobos est un fort galant homme et aussi honnête, à coup sûr, que la plupart de ses collègues républicains. Tout au plus pourrait-on lui reprocher quelque excès de candeur et un peu trop de goût pour les *plaisanteries de fumiste.* Mais on n'est pas parfait et ces légers défauts ne font que relever encore davantage l'éclat de sa grandeur d'âme et de sa chevaleresque loyauté.

*
* *

Le *Français* publiait dernièrement une pétition adressée à M. le sénateur Broca par les quadrumanes du Jardin des Plantes et du Jardin d'acclimatation. Au nom de la parenté que constate la nouvelle école anthropologique entre le singe et l'homme, ces honorables citoyens à queue prenante saluaient dans le savant docteur leur représentant naturel. « Vous êtes trop des nôtres, lui disaient-ils avec conviction, pour ne pas réclamer notre inscription sur la liste électorale. D'ailleurs, la République n'aura pas à se repentir de nous avoir restitué ces droits politiques qu'une aveugle réaction nous refusait depuis tantôt six mille ans. De temps immémorial, nous abstenant de professer aucun culte, nous naissons, vivons et nous marions tous laïquement. Il n'y a pas un seul clérical parmi nous. »

Ce que la spirituelle feuille oublie d'ajouter, c'est que la démocratie simienne a, elle aussi, rencontré ses intransigeants, adversaires déclarés de la politique opportuniste. Tandis que tous les magots et sagouins résidant à Paris s'empressaient de signer la pétition, les *ouïstitis* refusaient de suivre un tel exemple, ne voulant, à aucun titre, se reconnaître parents des Naquet, des Glais-Bizoin, des Crémieux et des Littré. « Nous, les frères de ces vilains messieurs, s'écriaient-ils avec conviction ? allons donc, nous sommes bien trop gentils pour cela ! »

*
* *

On sait le nouvel attentat dont a failli être victime l'empereur de Russie, et nous nous abstiendrions d'en parler ici si le langage tenu par quelques feuilles radicales ne nous obligeait à le faire.

Il n'y a pas longtemps encore on se croyait tenu par politique à ne pas trop exalter les entreprises de ce genre, et c'était généralement alors les jésuites, ultramontains et autres réactionnaires que l'on rendait responsables. En ce temps-là, Hœdel et Nobiling, se trouvaient déguisés en affiliés de la Compagnie de Jésus. L'on avait, quelques années auparavant, attribué à des vengeances ultramontaines la mort de l'archevêque de Paris, les communards qui le fusillèrent n'ayant jamais passé pour spécialement inféodés au gallicanisme.

Aujourd'hui, signe du progrès accompli, l'assassinat politique est envisagé d'une toute autre façon. Tantôt on insinue qu'il est l'œuvre de la police et que le souverain a décrété la mort d'un certain nombre de ses fidèles sujets, simplement pour faire croire à un complot imaginaire. L'idée d'un pareil crime semble toute naturelle, paraît-il, à ces bandits de lettres qui chaque jour font l'éloge de 93, et si jamais le monarque succombe aux coups d'un meurtrier, on ne manquera pas de soutenir que ce n'est que le résultat d'un simple malentendu ou d'ordres mal compris et encore plus mal exécutés.

D'autres se bornent à dire que si on tire sur les rois c'est uniquement de leur faute et pas du tout de celle de l'assassin. Le czar n'avait qu'à se montrer plus libéral et cela ne lui serait pas arrivé. Est-ce que les aspirations de son peuple ne se manifestent pas d'une façon assez *frappante*, pour qu'il y fît un peu d'attention. Il est clair que si les nihilistes pouvaient joindre les libertés octroyées par le souverain, à celles qu'ils prennent eux-mêmes, et sans que personne les leur donne, ils seraient les plus libres des hommes et n'auraient plus rien à demander?

Oh, nous sentons bien que tous les torts sont du côté du czar. Oubliant que l'exactitude est la politesse des rois, il se montre le plus inexact des hommes et ne se trouve jamais là quand on vient tout exprès pour le tuer. Avouez qu'il y a, dans un pareil manque de savoir-vivre, de quoi porter sur les nerfs à des gens moins paisibles que ces excellents nihilistes et les pousser à des actes de vivacité que quelques esprits prévenus pourraient être tentés de croire légèrement risqués.

4 mars 1880.

On parle fort d'une pétition adressée par les chefs de la franc-maçonnerie au gouvernement. Les signataires demandent que tout citoyen condamné pour vol à plus de deux années de prison, soit banni à perpétuité du territoire de la République. Le montant des économies réalisées sur les frais de prison serait versé à la caisse des écoles.

Les nations du voisinage ne pourraient manquer d'être infiniment flattées du grand nombre d'honnêtes citoyens que nous ferions ainsi affluer chez elles, et c'est tout à fait le cas de répéter ici le proverbe : « Les petits cadeaux entretiennent l'amitié. » Mais si elles allaient, grand Dieu! juger du décret de moralité auquel s'élève la France républicaine par les intéressants échantillons que nous leur enverrions ainsi ? Cela ne serait-il pas de nature à diminuer les sentiments d'estime profonde que leur inspirerait pour nous l'expédition en bloc de tous les communards auxquels notre gouvernement n'a point encore eu le temps de confier la moindre fonction politique et civile ?

Et puis, ne prendrait-il pas fantaisie aux autres peuples de l'Europe de reconnaître un si bon procédé en nous gratifiant, à leur tour, de tous leurs faussaires, voleurs, assassins, etc.? C'est alors que notre pays mériterait véritablement le beau titre de *refugium peccatorum*. Nous espérons, du moins, que l'on ne consentirait point à naturaliser les nouveaux venus, sans s'être assuré de leurs sentiments politiques et de la pureté de leur républicanisme.

Chose étrange! cette pétition qui, par la sollicitude qu'elle témoigne pour les intérêts scolaires, semblait de nature à plaire singulièrement à nos gouvernants, aurait été accueillie d'eux, avec une véritable froideur. Un de nos ministres l'aurait même repoussée comme entachée d'un trop grand esprit de rigueur. « Il faut, « disait ce politique philanthrope, se mettre à la place « des gens. Je me figure mes collègues et moi, tout le « cabinet, en un mot, atteint par la mesure proposée. « Cette seule pensée n'est-elle pas de nature à faire « frémir? Condamné à l'exil, ah, je sais que j'en mour-« rais de chagrin! »

Il pourrait y avoir bien du vrai dans ces observations. On dit la pétition soutenue par des partisans du régime actuel. Nous la tiendrions plutôt, quant à nous, pour une invention de ces infâmes réactionnaires, toujours aux aguets afin de jouer de mauvais tours à ce pauvre parti républicain.

*
* *

Un de nos personnages politiques du jour aurait, affirme-t-on, débuté dans la carrière en se mettant à la tête d'une compagnie pour l'exploitation des mines d'or de l'Uruguay, où, comme l'on sait, il n'y a jamais eu de mines. L'on promettait aux actionnaires un revenu de 75 0/0 par an. Bien entendu, ces derniers n'ont encore rien reçu. Sans doute, on se réserve de leur payer les intérêts, le même jour où on leur remboursera leur capital.

Voilà tout de même un excellent républicain, dont on peut dire qu'il n'a jamais cessé de *prendre les intérêts* de ses concitoyens.

*
* *

Les feuilles réactionnaires nous parlent sans cesse du marasme des affaires et du découragement général des industriels. Cela n'est pas du tout exact en ce qui concerne certaines branches d'industrie. D'après nos renseignements personnels, jamais les marchands de pétrole et les fabricants de dynamite n'ont autant compté qu'aujourd'hui sur une prochaine et vigoureuse reprise des affaires.

*
* *

En fait de publications nouvelles bien propres à piquer la curiosité du public, on nous annonce spécialement les suivantes :

1° Par M. le nouvel élu de Vaucluse : *De la vertu*

considérée comme fondement principal du régime démocratique, ouvrage dédié à M. le président de la Chambre. L'auteur, s'inspirant des idées de Montesquieu, fait valoir les raisons qui lui font bien augurer de la durée de la République.

2° *Le manuel du parfait comptable*, par M. le président de la Chambre.

3° *A quel point le Pays est ami de l'Ordre*, brochure très intéressante, due à la plume vive et alerte de M. Paul de Cassagnac.

4° Une paraphrase de M. Léon Say sur le passage d'Isaïe : « Convertissez-vous ! » Les prophéties du vieux *voyant* d'Israël s'y trouveront interprétée d'une façon aussi neuve qu'inattendue.

20 mars 1880.

On nous communique à l'instant une lettre d'un crétin de Suisse, dont nous nous empressons de donner connaissance aux lecteurs de votre journal. On y verra quels jugements porte l'étranger sur les hommes et les choses de notre pays :

A Monsieur X..., réactionnaire français.

Pourquoi ne cessez-vous de nous insulter, nous qui ne vous avons jamais rien fait ? Une demi-douzaine de goîtreux de mes amis et moi avons appris, non sans un sentiment de vive indignation que vous qualifiez, avec une coupable persistance, ceux qui président aux destinées de votre pays de *tas de crétins.*

Ce n'est pas flatteur pour nous, ce que vous dites là, et nous semble tout à fait de nature à compromettre notre réputation. Voilà donc de ces énormités que peut seul faire commettre un aveugle esprit de réaction. Vous oubliez trop, Monsieur, que suivant la parole de je ne sais plus quel profond philosophe, les comparaisons ne satisfont généralement que ceux qui les font. Et que diriez-vous si nous vous traitions, vos amis et vous de *tas de républicains* ?

Voyez un peu à quoi vous vous exposez.

Je ne nie pas, qu'au premier abord, cette assimilation par vous établie entre ceux qui vous gouvernent et nos paisibles habitants des vallées alpines ne puisse paraître spécieuse, mais elle ne soutient pas un examen approfondi, c'est ce que je vais essayer, Monsieur, de vous démontrer clairement.

Et tout d'abord, on naît crétin comme d'autres naissent poètes. C'est de la faute à la nature, et comme le fait observer le sergent du Châlet, cela peut arriver à tout le monde. Au contraire, si l'on devient républicain, c'est qu'on l'a bien voulu et, dès lors, on en est pleinement responsable.

En outre, nous autres crétins, nous sommes d'honnêtes citoyens, incapables de faire du mal même à une mouche. Notre simplicité d'esprit et notre candeur sont assez connues de tous.

Peut-être objecterez-vous, pour vous tirer d'affaire que, sous le rapport des facultés intellectuelles, certains de vos démocrates marcheraient bien de pair avec nous. Au point de vue de la simplicité d'esprit, Monsieur, c'est possible. Je ne veux pas discuter la question. Mais pour ce qui est de la candeur, à coup sûr, nous enfonçons tout ce qu'il y a de républicains au monde.

J'avouerai, au besoin, qu'en ce qui concerne la façon de comprendre l'art de gouverner, plus d'une analogie pourrait être signalée entre vos élus de la nation et nous. Je sens que si nous avions à diriger les affaires de votre pays, bien souvent nous ne nous y prendrions pas autrement qu'eux. Et encore y mettrions-nous moins de petitesse, moins de malice et d'esprit de parti.

Nous agirions à la bonne franquette, comme de braves

gens, tout ronds que nous sommes, différence importante et qu'il eût été de votre devoir de signaler.

Mais en voilà assez, Monsieur, sur ce chapitre. Je suis persuadé que si vous avez mal parlé de nous, ce n'a été que par légèreté. Mes observations vous feront certainement rentrer en vous-même et vous inspireront le désir de réparer par un désaveu public l'injustice de vos procédés à notre égard. Allez, Monsieur, et ne pêchez plus.

Je dois vous prévenir, Monsieur, que si vous persistiez dans vos comparaisons malsonnantes, mes amis et moi sommes décidés à vous poursuivre comme diffamateur devant les tribunaux compétents. En vain, exciperiez vous de votre qualité d'étranger. Nous réclamerions votre extradition et sommes sûr de l'obtenir, sachez-le bien. Oubliez-vous donc que vous n'êtes qu'un vulgaire réactionnaire et n'avez jamais eu l'honneur de tremper dans le moindre assassinat politique ou autre ?

Signé : NICODÈME, crétin du Valais.

(*Suivent les signatures des adhérents*).

Pour copie conforme : ALIQUIS.

*
* *

Oraison jaculatoire d'un curé de campagne, après le chant du *Domine salvam*, etc.: Mon Dieu, je vous prie pour la République, parce que vous nous ordonnez de prier pour nos ennemis, mais si vous voulez être bien aimable et me faire grand plaisir, ne tenez aucun compte de ma prière.

*
* *

Les Chambres viennent de voter la petite bagatelle de onze millions pour la construction de nouveaux ministères. Cela ne manquera pas de causer une vive satisfaction aux contribuables. Sous les régimes précédents, alors que nous possédions encore l'Alsace et la Lorraine, on se contentait des anciens bâtiments. Comme l'on voit bien que la République est un gouvernement à bon marché !

*
* *

Le public parisien peut admirer à cœur-joie la statue de la Marianne qui se pavane devant l'Institut. N'aurait-elle pas fait meilleur effet si on l'avait mise au coin de la rue, sur le trottoir, et n'y eût-elle pas encore été plus à sa place ?

*
* *

Le parti avancé se remue beaucoup de l'autre côté des Alpes, et on dit les Italiens sur le point d'attraper la République. Nous les plaignons de tout notre cœur, car à en juger par l'exemple d'autres pays, c'est une maladie bien désagréable et difficile à guérir.

*
* *

M. Duhamel se montre; assure-t-on, très-mécontent du gourvernement qui ne songe pas à lui faire une position digne de ses mérites. « Que veux-tu, lui disait un de ses amis, c'est qu'on ne te juge pas encore un homme *hors ligne*.

*
* *

Dialogue entre un personnage politique de second ordre, dont l'épouse ne passe point pour un modèle de fidélité et l'un de ses amis :

— Grande nouvelle, mon bon, ma femme vient encore d'avoir un enfant.

— Ah, ta femme... Et toi, mon cher?

27 mars 1880.

Y a-t-il rien de plus lamentable que le degré de fanatisme et de superstition auquel peuvent en arriver certains réactionnaires ?

Ne voilà-t-il pas que l'on veut faire passer le citoyen J. F., qui dirige l'instruction publique, et plusieurs de ses amis comme possédés du malin esprit.

M. Ferry... un esprit, et malin encore? Je vous demande un peu si c'est-croyable? Voilà bien des mots qui hurlent de se voir accouplés.

Que l'on se rassure, MM. Ferry et consorts ne sont, ni n'ont jamais été hantés par aucune sorte d'esprit, bon ou mauvais, et on perdrait son eau bénite à prétendre les exorciser.

*
* *

M. Tirard, qui est, décidément, un homme très-fort, vient de calmer par une déclaration catégorique, toutes les inquiétudes causées par la diminution du bétail en France. Si les moutons du temps de la monarchie étaient plus nombreux, ceux du gouvernement actuel sont plus volumineux, ce qui suffit amplement à rétablir l'équilibre.

De tout cela, il résulte que la République serait, par excellence, le régime des *grosses bêtes !*

M. le ministre l'affirme. Nous nous en doutions depuis longtemps.

*
* *

Le bruit avait couru que le gouvernement Français songeait à décerner la croix de la Légion d'Honneur au citoyen Hartmann. C'est une indigne calomnie contre laquelle nous protestons avec la plus vive indignation. Tout au plus penserait-on à lui donner une ambassade à Saint-Pétersbourg, vraisemblablement avec l'illustre Floquet pour premier secrétaire.

Nul doute qu'Hartmann ne refuse pour raison de santé, son médecin lui ayant interdit le climat de la Russie comme très-anti-hygiénique.

En attendant, l'intéressant proscrit se plaint vivement de la mesure d'expulsion déguisée dont il a été l'objet. « Me chasser ainsi dans les 24 heures, s'est-il écrié. Ah cela, est-ce que l'on me prend pour un simple jésuite ! »

*
* *

Les feuilles républicaines se prennent aux cheveux, se montrent le poing au sujet de ces fameuses *lois existantes* dont le caractère distinctif est de ne point exister.

Au 17e siècle, Molinistes et Jansénistes discutaient avec rage la question de la *grâce suffisante*, ainsi nommée parce qu'elle ne suffisait jamais. Que l'on voit bien que l'esprit humain est en progrès et qu'il ne tourne pas du tout dans un même cercle !

*
* *

Hartmann vient de se disculper victorieusement des attaques dirigées contre lui par la presse conservatrice. Les récits que l'on donne de l'attentat de Moscou sont, dit-il, tous controuvés. Il n'y a que le fait de l'attentat qui ne soit pas démenti.

C'est-à-dire qu'au lieu d'avoir tué 52 personne comme on le prétendait faussement, on n'en aura tué que 51 et blessé une douzaine d'autres. C'est le picrate de potasse que l'on a mis en œuvre, et non la dynamite, comme le prétendaient méchammment les feuilles vendues à la réaction.

Voilà l'innocence de l'accusé établie claire comme le jour. Et rien que cela fait bien ressortir la sagesse, l'esprit d'humanité, le profond sentiment de convenance qui caractérisent nos gouvernants actuels !

*
* *

Lu sur une affiche à la main : « Il vient d'être égaré plusieurs lois existantes. De la part de M. le ministre de l'instruction publique, récompense honnête à qui les rapportera. »

*
* *

D'après la définition donnée par certaines feuilles radicales, il faudrait entendre par *lois existantes*, toutes celles qui n'ont pas été expressément abrogées. Or, nous ne sachons pas que la loi carthaginoise édictant la peine de mort contre tout chef d'Etat convaincu d'ineptie dans la conduite d'une guerre, ait jamais été rapportée.

Qu'on l'applique, nous ne demandons pas mieux, mais qu'en pensent M. Gambetta et la *République française ?*

*
* *

M. Albert Grévy, le nouveau gouverneur de l'Algérie est, dit-on, assez gravement indisposé. L'impatience qu'il éprouve à se pouvoir défendre contre les révélations annoncées par M. Godelle, lui causerait une fièvre violente qui le ronge et le mine. Que la Chambre se hâte donc d'abréger le délai d'un mois par elle fixé. Sans cela, l'un de ces matins, l'on court risque de trouver M. le gouverneur mort dans son lit, et quel désastre irréparable, oh ciel !

18 avril 1880.

Nous recevons à l'instant le mot suivant, que notre impartialité nous fait un devoir de reproduire :

« Monsieur,

« J'ai appris que certaines feuilles gouvernementales s'étaient montrées fort mécontentes de la lettre dans laquelle nous nous efforcions d'établir la différence qui existe entre de braves crétins comme nous et les hommes qui gouvernent votre pays.

« Leur mauvaise humeur est bien naturelle, et [nous croirions mes amis et moi, agir comme un *tas de républicains* si nous hésitions à réparer notre injustice à leur égard.

« Dites aux feuilles en question que nous avouons notre erreur et qu'à l'avenir nous ne ferons plus la moindre distinction entre crétins et certains républicains.

« Nicodème, crétin suisse.

« Pour copie conforme : Aliquis. »

*
* *

Un de nos amis nous donne communication de la lettre suivante, adressée par M. Paul de Cassegnac au prince Jérôme :

« PRINCE,

« J'ai jadis traité votre Altesse de canaille, de pleutre, de malotru, et l'opinion que j'exprimais alors, je la partage encore. Que votre Altesse ne cesse pas, cependant, de voir en moi le soutien le plus zélé de la cause bonapartiste.

« Roi des drôles,

« Vous êtes mon roi et mon prince. Tenez-moi toujours pour le fidèle et le plus loyal de vos sujets.

« Pour copie conforme : ALIQUIS.

*
* *

La *République Française* jette feu et flamme contre les congrégations religieuses qui savent parfaitement mettre leur personalité en avant lorsqu'il s'agit de de recevoir, et s'éclipser dès qu'il s'agit de comptes à rendre.

Vraiment, nous trouvons la feuille de M. Gambetta bien sévère pour les pauvres gens qui ne rendent pas leurs comptes. Les congréganistes poussent la négligence à ce point ! Ah cela ! est-ce qu'il y aurait parmi eux beaucoup de membres de la Défense nationale ?

Après cela, l'honnête journal ne regarderait-il la reddition des comptes comme obligatoire que pour les seuls cléricaux ?

S'il s'agissait des personnages politiques du jour, peut-être le trouverait-on plus accommodant.

*
* *

Réflexion profonde d'un électeur parisien :

« Que l'on tracasse les Jésuites, rien de mieux, mais je n'entends pas qu'on les expulse. Qui donc aurions-nous alors à taquiner ? »

*
* *

Ne trouvez-vous pas le gouvernement ridiculement incomplet dans les mesures proposées à l'égard des congréganistes? On se borne à leur demander leur âge, nom, lieu de naissance. Ne devrait-on pas s'enquérir depuis quand on les a vaccinés et s'ils n'auraient pas quelques dispositions à devenir enragés? Cette mesure pourrait avec fruit être étendue à certains personnages politiques aussi anti-cléricaux que républicains.

*
* *

L'hécatombe de fonctionnaires plus ou moins suspects de réaction continue toujours. Nous demandons une fois pour toutes, qu'il n'en soit nommé aucun dorénavant, s'il n'est muni de son certificat de civisme. De la sorte, on saura à quoi s'en tenir. Et puis, ne sera-ce pas un acheminement à ces jours prédits par l'Apocalypse où chacun sera tenu de porter sur lui le *signe de la bête ?*

*
* *

Le jour commence enfin à se faire sur la dernière lettre du prince Jérôme, et l'explication que l'on en donne tourne tout à l'avantage de ce dernier. Il s'est dit : Je vais publier une lettre idiote, cela me mettra bien auprès de beaucoup d'électeurs et leur prouvera que je suis digne de les représenter et de marcher à leur tête.

Cette mesure lui aurait d'ailleurs été conseillée par un haut dignitaire ecclésiastique auprès duquel le prince aurait fait la confidence de son amour pour la religion. « Mon fils, lui aurait-on répondu, je suis profondément touché des sentiments qu'exprime votre Altesse et ils lui font grand honneur. Je lui conseille cependant de les voiler un peu, sans quoi elle courrait risque de passer pour cléricale, ce qui finirait par lui faire tort. »

7 novembre 1880.

L'on sait que M. le Procureur de Blois n'a pas eu de chance, dans les poursuites par lui dirigées contre un ecclésiastique qui faisait le catéchisme à plus de vingt enfants. Nous avons un cas beaucoup plus grave à lui signaler.

Nous connaissons un prêtre qui réunit les idiots pour tâcher de les instruire un peu et de les préparer à la première communion.

Jamais péril plus grave n'a menacé la République.

Où en serait, grand Dieu, le gouvernement, si tous les crétins s'avisaient de devenir cléricaux !

***

Nos ministres qui avaient tant déblatéré contre les intentions liberticides du régime du 16 mai, commencent, dit-on, à se préoccuper de la nécessité de proclamer l'état de siège.

Cela ne nous surprend nullement de la part d'un

pouvoir qui a toutes les raisons du monde de se croire *mal assis.*

*
* *

Les radicaux parlent toujours de s'abreuver d'un *sang impur.*

Ils ont donc envie de boire leur propre sang !

*
* *

On se préoccupe toujours beaucoup des intentions du gouvernement, à propos des affaires de Grèce.

Qu'il y prenne garde ! Nous avons toujours pensé que les agissements des *grecs* finiraient par faire tort à la cause républicaine.

*
* *

Quelques personnes s'étonnent d'entendre toujours qualifier M. Grévy de *juste.*

Cela n'est pas raisonnable. Ne dit-on pas qu'un habit est juste, quand il manque d'étoffe ?

*
* *

Gambetta et Duhamel se sont rencontrés dans une maison amie. Ils parlent de leur avenir.

Comment osez-vous vous mettre en ligne avec moi, dit le premier des interlocuteurs au second ? Moi, je suis sûr d'occuper une grosse place dans l'histoire, tandis qu'à vous, elle ne doit tout au plus qu'une *ligne.*

*
* *

Un ecclésiastique, parent de M. le Président de la Chambre, voulait, dit-on, ramener M. Gambetta à de meilleurs sentiments, en lui faisant peur des comptes qu'il aurait à rendre à Dieu.

« Sandis; moi, des comptes à rendre, aurait repliqué ce dernier, je ne m'en effraie pas, le bon Dieu est trop juste pour jamais exiger l'impossible. »

***

La République, dit-on, n'aime pas les titres. Cela ne l'a pas cependant empêchée de bien donner du *monseigneur* dans ces derniers temps.

***

Nous ne nous rappelons plus dans quelle ville de province. un citoyen aurait été condamné pour avoir crié « à bas la canaille » pendant l'expulsion des religieux. Nous ne pouvons qu'applaudir à la sagesse de l'arrêt. Par le temps qui court, « à bas la canaille » est presque séditieux, et on ne regardera jamais ce cri comme synonyme de « Vive la République. »

***

Plusieurs personnages politiques importants se seraient, dit-on, rendus dans ces derniers temps, auprès de Monseigneur le comte de Chambord, pour le décider enfin à changer la couleur de son drapeau.

Le roi les aurait reçus avec bienveillance et aurait même paru goûter leurs raisonnements.

« Je ne demande pas mieux, aurait-il dit, que de « faire ce que vous désirez. Puisque le drapeau blanc « excite tant de préventions, j'adopte dorénavant, « comme étendard, le *manipule* des anciens romains. « Il me paraît de nature à être tout particulièrement « goûté du suffrage universel, car il consiste en une « botte de foin au bout d'une perche. »

*
* *

Quelques personnes s'effrayaient des velléités belliqueuses de la Prusse. Nous sommes heureux de pouvoir calmer leur patriotique effroi. « Moi, attaquer la « France, se serait écrié Bismarck ! On sait bien que « je suis trop généreux pour ne pas laisser à une « ennemie, la jouissance de tous ses avantages naturels. « Dites bien aux français, que je ne leur ferai pas la « guerre, avant que le général Farre, n'ait achevé de « réorganiser leur armée. »

*
* *

M. Andrieux, viendrait, dit-on, de recevoir la lettre suivante :

« MONSIEUR LE PRÉFET,

« Jusqu'à ce jour, nous nous étions figuré que les fonctions de préfet de police avaient été instituées pour empêcher que l'on ne crochetât les serrures. Nous nous étions, paraît-il, trompés et l'on peut impunément, nous a-t-on dit, se livrer à ce genre d'exercice, quand vous êtes présent. Nous aurions précisément l'intention, mes amis et moi, de forcer, sur les deux heures du matin, le coffre fort de mon voisin, qui est banquier. Seriez vous assez bon pour vous trouver là et présider à l'opération. Nous vous en serions très-reconnaissants.

« Votre tout dévoué,

« GALUCHET,

« Habitué des carrières d'Amérique. »

« P. S. — Au cas où nous n'aurions pas tous les instruments nécessaires, voudrez-vous bien dire au serrurier de la préfecture d'apporter sa trousse ? »

25 décembre 1880.

Le gouvernement ne semble pas avoir eu beaucoup de chances avec ses candidats aux évêchés vacants. Il paraîtrait que la cour de Rome trouve plusieurs de ceux-ci dignes d'être *crossés* tant qu'on le voudra, mais jamais d'être mitrés.

*
* *

Un journal réactionnaire se plaignait que les affaires ne marchent pas et que rien ne se vend. Cela est une calomnie. Jamais les consciences ne se sont plus vendues que par le temps qui court.

*
* *

Le général Farre aurait enfin fait connaître le motif qui l'avait poussé à supprimer les tambours. Il trouvait que ces instruments revenaient trop cher. Je suis las, se serait-il écrié, d'être exploité de la sorte par les fabricants de tambours et n'entends point qu'ils continuent à m'écorcher davantage !

*
* *

Les modes et bijoux de l'année 1881 seront, à ce que l'on assure, presque les mêmes que ceux de l'année précédente. Tout au plus, dans les porte-bonheur, l'effigie du compagnon de St-Antoine sera-t-elle remplacée par celle de M. le Président de la Chambre. On voit que le changement se réduit à fort peu de chose.

*
* *

Les journaux réactionnaires, avec leur aplomb habituel, s'efforcent de nous dépeindre le Ministère actuel comme composé de nullités. Cela est archifaux ; nos ministres, ils l'ont assez prouvé, sont des hommes capables de bien des choses. Pour M. Constans en particulier, tous ceux qui ont eu recours à ses services s'accordent à le représenter comme un spécialiste très fort... dans sa partie.

*
* *

On prétend que l'honorable M. Baudry d'Asson, outré des procédés de M. Gambetta, avait manifesté l'intention de lui donner de la botte quelque part. Il en a été détourné par ses amis qui lui ont reproché de vouloir toujours mettre le pied dans le *plat*.

* *
*

Le prince des Hellènes ne serait pas dit-on, sans quelqu'appréhension au sujet de l'appui à lui proposé par le Gouvernement français. Il craint que tout cela ne cache certaines velléités ambitieuses.

« Qui me dit, se serait-il écrié, que M. Gambetta ne « prétende pas un jour faire valoir ses titres à être « proclamé officiellement *roi des Grecs* ? »

*
* *

Le citoyen Rochefort semble tout à fait consolé des attaques de Gambetta et de ses amis. « Qu'ils disent « de moi tout ce qu'ils voudront, se serait-il écrié, du « moins on ne m'accusera ni d'avoir voulu être sous-« préfet de l'Empire ni de m'être enrichi dans l'em-« prunt Morgan. »

*
* *

Le temps est, paraît-il, aux présages. Des journaux grecs nous entretiennent de la découverte faite à Athènes, d'une statue de Minerve victorieuse ou autre, mais voici ce que l'on raconte: Rentrant chez lui de l'Assemblée nationale, les oreilles de M. le président de la Chambre furent frappées par des cris plaintifs. Ils partaient d'un compagnon de Saint-Antoine que l'on était en train de faire passer à l'état de boudin. Mais M. Gambetta est un esprit fort, et l'on ne dit pas qu'il ait imputé cette rencontre à mauvais augure.

*
* *

8 janvier 1881.

On annonce la publication prochaine d'un ouvrage intitulé l'*Isochronie dans l'histoire.* Le but de l'auteur, c'est d'établir que l'humanité tourne toujours dans le même cercle, bien plus qu'on ne le suppose d'ordinaire, de démontrer que chaque société dans le cour de son existence, traverse des phases analogues.

Il y a, croyons-nous, beaucoup de vrai dans cette théorie, et lorsque l'on voit la façon dont se comportent nos gouvernants, on se jugerait volontiers revenu au temps de l'invasion des *Ostrogoths*.

*
* *

Le bruit de la démission de M. Constans, recommencerait, dit-on, à courir. L'illustre ministre renoncerait à la politique, mais pas à ses *pompes* et à ses œuvres.

*
* *

Le discours de nouvelle année, débité par M. Andrieux à M. le ministre de la justice n'est pas mal, mais pourquoi diable a-t-il terminé en disant qu'il sentait fortement tout ce que M. Constans avait fait pour l'utilité du public?

*
* *

Un mot vraiment philosophique du Schah de Perse nous revient à l'esprit :

« Voyez-vous, Messieurs, disait-il, avant de quitter
« Paris, la République est un peu en France ce qu'est
« la peste dans nos états. Si l'on parvient à traverser
« le premier accès, qui est terrible, elle passe à l'état
« chronique et l'on s'y habitue pour quelque temps,
« mais on finit toujours par en crever. »

Le tribunal des conflits, malgré le texte formel de la loi, vient de décider que la poursuite au criminel ne mettrait plus désormais hors de cause, la justice administrative. L'administration aura droit de tout faire. Elle pourra disposer à sa fantaisie de la vie, de la fortune et de l'honneur des citoyens. Ceux qui aiment la liberté n'auront plus qu'une ressource, ce sera de se faire sujets du Grand Turc.

*
* *

Voici la première phase du duel entre Rochefort et Gambetta terminée. Pour nous qui portons un intérêt égal à ces deux éminents personnages, un seul rôle nous reste à remplir, non celui de membres du tribunal des conflits, mais celui simplement de juges honnêtes et impartiaux.

M. Rochefort se défend d'avoir écrit la lettre incriminée pour qu'elle fût remise à son adresse. Evidemment, il ne l'avait rédigée que comme une simple amplification de rhétorique, sans but déterminé. Rien de plus aisé à croire et l'on nous dirait que l'on a retrouvé dans les papiers du pamphlétaire, des lettres purement platoniques adressées au grand Sophi de Perse ou à l'empereur de Chine que nous trouverions là chose la plus naturelle du monde.

D'un autre côté, maître Gambetta qui n'est pas tendre pour les indiscrets et n'aime pas à ce qu'on lui demande de comptes, refuse absolument de faire connaître au public de quelle façon la lettre remise à M.

Albert Joly, lui est tombée entre les mains. Il préfère, avec une admirable grandeur d'âme, être accusé de tout ce que l'on voudra plutôt que de satisfaire une curiosité malsaine.

Quelques réactionnaires ont poussé l'horreur jusqu'à prétendre que publier ainsi une missive destinée par nature à rester secrète, c'était agir en vrai malandrin. Ils ajoutent que si le sentiment de l'honneur n'avait point empêché M. Emile Ollivier de suivre un pareil exemple, il aurait pu, lui aussi, faire paraître un petit poulet, adressé à M. Baroche, ministre de l'Empire et qui aurait mis M. le Président de la Chambre dans le plus grand embarras.

Nous ne croyons pas un mot de cette dernière allégation. La réputation de M. Gambetta est trop bien établie vis-à-vis de ses amis, pour que rien désormais puisse lui faire tort.

En tout cas, nous sommes sûr que ce procédé de malotru a prodigieusement coûté à M. le Président de la Chambre, vu surtout le défaut d'habitude de sa part, mais quel sacrifice répugnerait à un vrai républicain, lorsqu'il s'agit de l'intérêt du pays? Pour sauver Rome, Brutus immolait ses fils, M. Gambetta, lui, se borne à violer le secret des correspondances. Cela dénote un grand adoucissement dans les mœurs publiques.

La discussion entre les deux généreux adversaires ne manque pas non plus d'un certain sel. « Misérable sans cœur et sans patriotisme, » disent les feuilles gambettistes en interpellant M. de Rochefort. « Lâche, escroc, premier des drôles, dernier des polissons, » réplique ce dernier en parlant de M. Gambetta ou de ses amis. Peut-être trouvera-t-on ceci un peu dénué d'atticisme, mais c'est à notre avis, se montrer bien délicat. Pour nous, nous admirerons la franchise des interlocuteurs et sur le point en question, nous ne serons jamais tenté de les qualifier de menteurs.

Pour nous, MM. Gambetta et Rochefort sont deux personnages également estimables, également patriotes, également avides du bien du public. L'amour prodigieux que nous inspire le régime actuel nous fait déplorer les légères altercations qui peuvent surgir entre ces deux grands hommes.

Nous regretterons toujours amèrement de tels débats entre deux belles âmes si bien faites pour s'apprécier, se comprendre, se juger et au besoin... s'exécuter.

16 janvier 1881.

M. Barthélemy-Saint-Hilaire est décidément un minis- des affaires étrangères, comme on en a peu vu jusqu'à présent. Rien ne saurait égaler le perspicacité et la subtibilité d'esprit du traducteur d'Aristote.

Il avait bien entendu parler vaguement des préparatifs militaires fait par les Grecs. Il n'y attacha pas d'abord beaucoup d'importance, se figurant sans doute qu'il s'agissait simplement d'une nouvelle guerre Médique et de l'invasion du Peloponèse par les troupes de Darius ou de Xerxès, à moins que l'on ne songeât à une seconde expédition sous les murs de Troie. Toutefois, un examen plus minutieux amena l'éminent Hellëniste, à soupçonner qu'il pouvait bien s'agir d'autre chose encore. Grâce à un merveilleux esprit d'intuition qui chez lui frise le génie, il en arriva de découverte en découverte, à constater qu'il existe en Europe, un pays appelé la Turquie et que c'est précisément à lui que la Grèce en veut.

Mais M. Barthélemy-Saint-Hilaire n'est pas un égoïste.

Sentant toute l'importance d'une pareille trouvaille, il n'a rien eu de plus pressé que d'en prévenir l'Europe par une circulaire, laquelle fera époque dans les fastes de la diplomatie.

Faisant preuve d'une modestie qui n'a d'égale que sa haute valeur intellectuelle, M. le ministre commence par apprendre au monde entier qu'il n'est pas très-sûr d'être un grand prophète. S'il ne le disait lui-même, qui diable s'en serait jamais douté? Avec une perspicacité dont M. de la Palisse lui-même eût été jaloux, il affirme que quelque terrible que puisse être la guerre qui se prépare, elle le sera bien davantage encore, si au lieu de se trouver circonscrite entre la Grèce et la Turquie, elle s'étend sur tout le Continent.

Vraiement, M. Saint-Hilaire a tort de faire ainsi preuve d'un génie extraordinaire. Les puissances étrangères vont sécher d'envie, en voyant que nulle part, on ne rencontre de ministre de cette force et c'est à faire craindre qu'un beau matin, elles nous l'enlèvent.

En vérité, il n'y a que la République pour mettre en relief des hommes d'une si immense valeur et l'exemple de M. de Barthélemy-Saint-Hilaire, démontre à quel point elle l'emporte sur tous les autres régimes, lorsqu'il s'agit de déterrer le vrai mérite.

***

La candidature Trinquet, n'est pas sans inspirer de sérieuses appréhensions aux hôtes de l'Elysée. On lui croit, en effet, les plus grandes chances de réussite.

« En ma qualité d'ancien cordonnier, se serait écrié le « retour de Nouméa, c'est moi qui me charge de « mettre le gouvernement dans ses petits souliers. »

*
* *

Fâcheuse nouvelle :

Le plan, le fameux plan de Trochu aurait disparu de chez le notaire qui en avait la garde. Il aurait été subtilisé par un enfant de la Grèce, lequel l'a immédiatement adressé à son souverain, ce dernier le comptant utiliser en cas de guerre avec l'Empire Ottoman.

*
* *

Malgré ses airs de matamore, et ses chants de victoire, le Gouvernement n'en est pas moins battu presque partout, sur le terrain des élections municipales. Triomphe des communards dans le midi et pas mal de grandes villes, des radlcaux, et de plusieurs conservateurs à Paris. Voilà le bilan de la campagne. Bon nombre d'anciens républicains s'éloignent avec dégoût et pleins de désillusion d'un pouvoir qui d'abord avait eu leurs sympathies.

L'opportunisme cesse de tenir la corde ; par exemple, il n'a jamais cessé de la mériter.

FIN

ERRATUM

—

Page 70, au lieu de *republicam*, lisez *rempublicam*.

www.ingramcontent.com/pod-product-compliance
Ingram Content Group UK Ltd.
Pitfield, Milton Keynes, MK11 3LW, UK
UKHW021048200726
13857UKWH00003B/860